Beck'sche Reihe
BsR 613
Autorenbücher

Immer noch gehört Joseph Roth, einer der großen Erzähler unserer Zeit, genau genommen zu den vergessenen Autoren. Sein Leben, von ihm selbst mystifiziert, ja wie ein selbsterfundener Mythos behandelt und ins Halbdunkel gerückt, hat gleichwohl seine Erzählungen und Romane in ihren Tiefen nicht nur als Stücke seiner eigenen Lebensgeschichte sondern als Zeugnisse von Heimatlosigkeit überhaupt erkennbar gemacht und bestimmt. Sie erzählen von Flüchtigen und Exilanten, von Menschen, die sich auf die hoffnungslose Suche nach immer neuen Identitäten machen. In der Traurigkeit dieses gleichsam in sich selbst versunkenen Werks bleibt gegenwärtig eine durchtriebene Kunst des Erzählens. Was Roth schreibt, läßt auch immer als Legende, als Märchen sich verstehen.

Diesem Werk geht Wolfgang Müller-Funk in seinem erhellenden Essay nach, der die blitzende Ironie der nach außen hin einfach erscheinenden Erzählkunst Joseph Roths ebenso erkennt wie den Reichtum, die sie uns hinterlassen hat.

Wolfgang Müller-Funk, geb. 1952, hat Germanistik, Sozialwissenschaft, Geschichte und Philosophie studiert. Er lebt als Publizist und freier Schriftsteller in München und in Drosendorf (Niederösterreich).

WOLFGANG MÜLLER-FUNK

Joseph Roth

VERLAG C.H.BECK MÜNCHEN

CIP-Titelaufnahme der Deutschen Bibliothek

Müller-Funk, Wolfgang:
Joseph Roth / Wolfgang Müller-Funk. – Orig.-Ausg. –
München : Beck, 1989
(Beck'sche Reihe ; 613 : Autorenbücher)
ISBN 3-406-33160-2
NE: GT

Originalausgabe
ISBN 3 406 33160 2

Einbandentwurf von Uwe Göbel, München
Umschlagbild: Süddeutscher Verlag, München

Gesamtherstellung: Appl, Wemding
Printed in Germany

Inhalt

1. Einleitung: Die Modernität des Peripheren

Joseph Roth macht es seinen Biographen nicht gerade leicht, hat er doch noch die überlegtesten und ausgiebigsten unter ihnen – etwa den amerikanischen Literaturwissenschaftler David Bronsen – in arge Verlegenheit gebracht. Den Aussagen dieses Autors über sich selbst ist kaum zu trauen, ein Umstand, den Roths Biograph Bronsen, immerhin einer, der sich über viele Jahre mit dessen Leben und Werk beschäftigt hatte, nicht ohne eine gewisse Resignation konstatieren mußte. Das Leben Joseph Roths verschwindet im Nebel des Mythischen, der selbst inszenierten, biographischen Erzählung; er schwindelt, dichtet, erzählt auch dort noch Märchen, wo es um Tatbestände wie den eigenen Lebenslauf, um den Vater und die Mutter oder um die Religionszugehörigkeit geht. Das bedeutet nicht bloß beträchtliche Erschwernisse für den Philologen, es ist zudem fast ein Skandalon in einer Zeit, die doch sehr auf das Wirkliche, auf das Tatsächliche setzt.

Dieser Autor, der nicht wenigen als Chronist des alten Österreich und der versinkenden ostjüdischen Welt gilt, hält sich nicht an die Fakten. Und womöglich hält er auch nicht übermäßig viel von ihnen. Lieber läßt dieser „Mythomane" (Bronsen) sein Leben im Ozean seiner Sprache und ihrer Fiktionen verschwimmen.

Warum, so möchte man gleichwohl fragen, dichtet ein Schriftsteller auch dann noch, wenn es um das eigene Leben und seine Biographie geht? Psychoanalytisch gesehen legt dieser Umstand nahe, an frühkindliche Störungen zu denken: an Traumata, an verdrängte Wünsche und gestörte innerfamiliäre Beziehungen. Daß Joseph Roth ohne Vater und mit einer schwachen, überängstlichen Mutter aufwuchs, kann als Indiz dafür angesehen werden.

Die Vermutung drängt sich auf, daß hier jemand ein anderer sein möchte: auch die Helden in Roths Romanen, diese einsamen Rebellen, oder die österreichischen Offiziere mit ihren exotisch klingenden Namen – Tunda, Kargan, Brandeis, Trotta – unterscheiden sich nicht wesentlich von dem ‚imaginären' Joseph Roth, dem Mann mit stets wechselnden Vätern, dem urösterreichischen Katholiken mit russischem Blut, dem Kriegsgefangenen und Zeitzeugen der Oktoberrevolution und dem dekorierten Offizier der K. u. K. Monarchie, der im Brustton moralischer Empörung nach dem „Anschluß" in der Exilzeitung ‚Das Neue Tage-Buch' einen offenen Brief an den nationalsozialistischen „Statthalter" Seyß-Inquart einrücken läßt, in dem es heißt: „Ich halte es nämlich für unvereinbar mit meinem Gewissen, als ehemaliger österreichischer Soldat und Kriegsteilnehmer möglicherweise in den Listen der preußischen Armee zu figurieren, und fühle mich infolgedessen verpflichtet, meinen Rang niederzulegen." (GW, 4, 732)

Unterzeichnet ist dieser Brief vom 26. März 1938, rund ein Jahr vor dem Tod des Dichters, folgendermaßen: „Joseph Roth, ehemals kaiser-königlicher Leutnant." Im vorliegenden Fall kann der Biograph nachweisen, daß Roth niemals Leutnant gewesen, hingegen während seiner zweijährigen Dienstzeit vorwiegend im Pressedienst der im Raum Lemberg stationierten Infanterietruppendivision tätig gewesen ist und keineswegs, wie auch behauptet, das Verdienstkreuz und andere militärische Auszeichnungen erhalten hat.

In anderen Fällen läßt sich die biographische Fabel nicht so leicht widerlegen: Als Joseph Roth am 27. Mai 1939, einige Monate vor Ausbruch des von ihm lange vorhergesagten zweiten Weltkrieges starb, wußten nicht einmal die engsten Angehörigen, ob Roth noch der jüdischen Konfession angehörte – schließlich hatte er sich am 2. März 1922 mit Friederike Reichler im zweiten Wiener Gemeindebezirk nach jüdischem Ritus trauen lassen – oder ob er, wie er seinen Freunden stets versicherte, später zum Katholizismus konvertiert ist. So stiftete der „Mythomane" schon kurz nach seinem tragischen Ableben heftigen Streit unter den Freunden: schließlich wurde Roth mit katholischer Zeremonie und mit dem Kaddisch seiner ostjüdischen Landsleute zu Grabe getragen. Das mochte schmerzlich sein für die Aufrechten aus beiden Lagern: Man ist entweder Katholik oder Jude. Gerade dieser Eindeutigkeit entzieht sich der Mensch und Schriftsteller Joseph Roth, und aus heutiger Sicht mag einem die uneindeutige Bestattungszeremonie als adäquat erscheinen angesichts eines Lebens, das durch brüchige Identitäten gekennzeichnet ist. Indem der gebürtige Ostjude Joseph Roth wiederholt und durchaus glaubwürdig die Legende vom österreichischen Legitimisten erzählte, erwarb er sich gleichsam das Entree in die Welt des Katholizismus.

Furcht vor Enthüllung mag hier ebenso im Spiel gewesen sein wie die Freude an Spiel und Irritation. Daß ihn die Neugierde professioneller wie nichtprofessioneller Leser ärgerte, ist verbürgt: „Die Kenntnis des Privatlebens eines Autors scheint geradezu ein unumgänglicher Bestandteil der zeitgenössischen Literaturkritik geworden zu sein ... Es gibt bereits stehende Wendungen, mit denen die Buch-Referenten die ‚Besprechungen' bestimmter Autoren einleiten oder schließen. So kann zum Beispiel der bedeutende Schriftsteller Döblin, dessen öffentliche Wirksamkeit doch ohne Zweifel interessant genug ist, fast niemals ein Referat über eines seiner Bücher zu sehen bekommen, das nicht mit der Feststellung begänne: er sei ein Nervenarzt und praktiziere im Norden Berlins. Der ebenso widerliche wie kindische Übermut des zudringlichen Schreibers, der ‚gut informiert' ist, läßt sich partout nicht zurückhalten." (GW, 4, 243 f.)

Roths fulminante verbale Attacke zielt auf den Schutz des Autors vor einer zudringlichen Öffentlichkeit, aber seine im Grundton konservativ gestimmte Abneigung gegen den „widerlichen wie kindischen Übermut" führt uns noch einmal zu unseren Ausgangsüberlegungen: denn anmaßend ist es aus der Perspektive des Schriftstellers, wenn das eigene Leben, die Kindheit in einigen wenigen Schablonen und Stereotypen begrifflich vereinnahmt wird. Noch entscheidender dürfte indes der problematische Zusammenhang sein, den die Psychoanalyse zwischen Krankheit und Dichtung, zwischen unerfülltem

Wunsch und Phantasie sieht, so als seien deren Bilder lediglich Füllmaterial für psychische Defekte und Leerstellen. Demgegenüber läßt sich sagen, daß die Vorliebe für Fiktion und Imagination durchaus auch eine stabilisierende Wirkung hat. Womöglich ist das Bedürfnis nach Phantasie weniger ein bloßer Ersatz entgangener Freuden und Erfüllungen, vielmehr bestimmt sie nachdrücklich jede Äußerung. Wir sollten also vorsichtig sein bei derartigen Gleichungen: zweifelsohne war Roth ein tief gefährdeter und labiler Mensch, aber seine „Mythomanie" läßt sich nicht bruchlos aus seelischen Beschädigungen ableiten. Sie bringt etwas in Spiel, was vielen Psychologien oftmals entgeht: Hinter den oben zitierten Sätzen steckt nämlich der Zweifel, ob die stereotype Kennzeichnung eines Menschen sehr viel über dessen ‚Identität' und mehr noch über sein literarisches Werk besagt. Sind nicht am Ende die literarischen Werke, die zur Sprache gebrachten Imaginationen sehr viel beredter?

Es ist durchaus denkbar, daß Roth mit dieser Grunderfahrung, der Unsicherheit von Existenz und Identität ein Spiel getrieben hat, das, zunächst bewußt begonnen, eine Eigendynamik entfaltet. Vielleicht liefert dieser Hinweis einen Schlüssel zum Verständnis seiner Lebenslegenden, die sich von Lebenslügen vor allem dadurch unterscheiden, daß hier nicht schamhaft verwischt, sondern frisch und frei erfunden wird. Wenn das, was man Identität und Realität nennt, nicht so eindeutig ist, wie es die Worte annehmen lassen, wird es verlockend, eine phantastische Autobiographie zu schreiben und nicht bloß die Behörden, die Personalausweise und Identitätskarten ausstellen, hinters Licht zu führen. Ist das nicht ein typisches Merkmal der Literatur, daß sie, gerade dort, wo sie vorgibt, dokumentarisch zu sein, Realität wiederzugeben, am phantastischsten ist? Roths Werk stellt sich quer zu jenen psychologischen Theorien, die dem Menschen eine feste Identität und einen fixen Bezug zur Realität des Über-Ich verordnen möchten. Es führt eine Phantasie vor, die es dem Individuum ermöglicht, sich selbst zu erfinden. Oder anders ausgedrückt: Identität ist ohne die Kraft der Fiktion schlechthin unmöglich.

Offen bleiben muß, inwieweit Joseph Roth, der sich seines persönlichen Anachronismus in einer neusachlich-nüchtern, faktenwütigen Epoche durchaus bewußt war, an die eigenen Zu-Schreibungen geglaubt hat. Zweifellos besitzt das Erzählen, insbesondere der Gestus des Wiederholens eine autosuggestive Sogkraft. Der durchaus glaubwürdige Erinnerungsbericht von Roths jüdischem Freund Joseph Gottfarstein weist wiederum auf einen Menschen, der bewußt und virtuos simuliert, einen Lebensironiker höchsten Grades. Mit letzter Gewißheit läßt sich hier nichts behaupten. Denn auch die freimütigen Bekenntnisse gegenüber dem Freund, daß er aus politischen Gründen den Katholiken spiele, könnten abermals Fiktion sein. Denn wer so sehr in die Fallstricke des Erzählens gerät, für den verwischen sich die Grenzen von Schwindel und Wahrheit, von Dichtung und Lebenswirklichkeit. So ist die Frage, inwieweit jemand seinen eigenen Geschichten glaubt, so unentscheidbar wie ihr faktischer Wahrheitsgehalt.

Was die Lektüre dieses auf den ersten Blick traditionsbesessenen Autors heute, fünfzig Jahre nach seinem Tod, spannend und erregend macht, das ist gerade die nicht selten beanstandete Mythomanie. Es sind oftmals Bildwelten der Vergangenheit, die Roth in seinen Romanen und in seiner kürzeren Prosa mit melancholischer Ironie Revue passieren läßt: Vergangenheit als Folie vergeblichen Hoffens. Eine Poesie des bewußten Anachronismus wird – nicht zuletzt bei den männlichen Hauptfiguren – sichtbar, der Claudio Magris eine utopische Dimension zugesprochen hat. Die Aktualität von Roths Œuvre beschränkt sich indes nicht auf ihren gegenweltlichen und utopischen Wert, sondern sie entfaltet auf ganz eigene Weise eine diagnostische Kraft. Der tiefere Kern der Erzählungen weist auf Erfahrungen, denen wir gemeinhin den Stempel des Modernen aufdrücken: Traditionsentzug, Erfahrung von Fremdheit und Einsamkeit, Heimat- und Bindungslosigkeit, Wirklichkeitsverlust und soziale Ohnmacht des einzelnen. Bemerkenswert bleibt auch das widersprüchliche Selbstporträt des Schriftstellers und Journalisten Roth: er verwirft in seiner zuweilen pauschalen Kulturkritik (etwa an einem neuen Medium wie dem Film), was er selbst konsequent betrieben hat: die Verwischung der scharfen Grenzen von Fiktion und ‚Wirklichkeit'.

Im 19. Jahrhundert triumphierte die positive Wissenschaft, jener Geist, der glaubte, Bescheid zu wissen und die Unterschiede zwischen Wirklichkeit und Illusion genau bestimmen zu können. Hier dominierte eine Mentalität, die zu wissen schien, wie die Realität beschaffen ist. Damit untrennbar verbunden ist der Siegeszug einer naturalistisch und realistisch ausgerichteten Literatur. Mit ihr hat Roth – entgegen allem äußeren – Anschein nichts gemein. Er ist vielmehr ein Autor des neuen Zeitalters, das durch Inszenierung, Massenästhetik und die Eigendynamik moderner Kommunikation geprägt ist. Nicht zufällig spielt in seinem geschichtsphilosophischen Pamphlet ‚Der Antichrist' die Welt des Films eine geradezu herausragende Rolle. Dieses beschwörende Traktat, das verwirft, was sein Verfasser selbst betreibt, ist von der Einsicht bestimmt, daß Sprache ‚handgreifliche Wirklichkeit' verformt. Das entspricht dem Stand fortgeschrittenen Bewußtseins. Seither haben wir, was die ‚Wirklichkeit' anbelangt, unsere Unschuld verloren; diese ist nicht unmittelbar zu haben. Roth formuliert diese Grunderfahrung aus der Perspektive des Schriftstellers so: „Das Rohmaterial sinkt also in meinen Büchern zur Bedeutungslosigkeit einer Illustration. Einzig bedeutend ist die Welt, die ich aus meinem sprachlichen Material gestalte . . ." (GW, 4, 241)

Der Satz verrät eine moderne Handschrift und nimmt sich provokant aus im Hinblick auf einen Autor, den die Literaturkritik – wenigstens zu Anfang – als „neusachlich" einstufte und dessen ‚Radetzkymarsch' sie als Inbegriff eines realistisch-klassischen Romanes verstand.

Die Idee, Kunst und Wirklichkeit als zwei autonome Bereiche einander gegenüberzustellen, ist eine Lieblingsvorstellung des 19. Jahrhunderts. Diese Gegenüberstellung verbindet noch dessen Antipoden. Denn eines hat der pathetische Schrei nach faktischer Wirklichkeit mit der romantischen Devise gemeinsam, wenn auch unter umgekehrtem Vorzeichen: zur Identität soll kommen, was bislang einander entgegen stand. Noch der Vorschlag Ulrich's in Musils ‚Mann ohne Eigenschaften', man müsse wie eine Figur im Roman leben, lebt von diesem Zwiespalt.

Wenn das Leben hingegen selbst als fiktional erfahren wird, als Roman, der jede fiktive, d.h. absichtsvolle Erfindung in den Schatten stellt, dann kommt es zu einer Umkehrung ästhetischer Paradigmen: das Sachlichste wird zum Imaginärsten, das jeder konstruierten Fiktion überlegen ist. Gutes Dichten ist – Roth zufolge – immer authentisch.

Roth selbst hat diese nachromantische Daseinserfahrung, die einen Grundstock dessen ausmacht, was heute als klassische österreichische Moderne gilt und heute als ‚postmodernes' Lebensgefühl wirksam wird, sehr präzise in einem Brief vom 30. August 1928 an seinen Freund Benno Reifenberg umrissen: „Ich habe Stoff für ein Buch. Auch da bitte ich Sie um einen redaktionellen Rat: kann am besten ein ganz ‚subjektives', also im höchsten Grad objektives Buch schreiben. Die ‚Beichte' eines jungen, resignierten, skeptischen Menschen, der irgendwohin fährt, in einem Alter, in dem es ihm bereits ganz gleichgültig ist, ob er Neues sieht oder nicht. In dem es keine ‚Romantik des Reisens' mehr gibt. Und er sieht die letzten Reste Europas, die noch keine Ahnung haben von der inzwischen immer stärker gewordenen Amerikanisierung und Bolschewisierung Europas. Denken Sie bitte an die Bücher der Romantik. Abstrahieren Sie davon die Utensilien und Requisiten der Romantik, die sprachlichen und die der Weltanschauung. Setzen Sie dafür die Requisiten der modernen Ironie und Sachlichkeit ein. Dann haben Sie das Buch, das ich schreiben will, kann und beinahe muß. Es ist ein Reisebuch durch die Seele des Schreibers, wie durch das Land, das er durchfährt. Was halten Sie davon? Es ist im höchsten Maße dichterisch, mehr, als ein Roman." (B, 62)

Die eigentümlich präzise Beschreibung des projektierten Romanes ‚Die Flucht ohne Ende' läßt sich auch auf die übrigen Werke übertragen. Das Sujet ist tief romantisch: das Reise-Motiv, die Schwermut, der Fatalismus, die Vorliebe für die

Rituale des Aberglaubens und der einfachen Leute, die Einsamkeit der Protagonisten und deren Lust an verinnerlichten Bildern. Was bei Roth fehlt, ist der Glaube, obschon Roth am Ende seines Lebens sich eines solchen zu versichern suchte: in Gestalt eines weltläufigen, transnationalen Katholizismus. Hier wird eine überraschende Parallele zu den Vertretern der frühen Romantik in Deutschland sichtbar: der Zusammenhang zwischen Traditionsverlust und emphatischer Rückwendung an die Mächte der Tradition, die Roth in ‚Radetzkymarsch' und in ‚Die Kapuzinergruft' beschwört. In gewisser Weise hat Roth das fortgesetzt, was Novalis in seinem Fragment ‚Die Christenheit oder Europa' programmatisch formuliert hatte. Dazwischen liegen über hundert Jahre Geschichte: Politisch, sozial und ökonomisch. Dieser zeitlichen Differenz entspricht die spezifische Ironie in Roths Werk. In den gelungensten Romanen und Erzählungen bleibt die Kluft zwischen romantischer Stimmung und dem Gestus desillusionierter ‚Sachlichkeit' bestehen: am allerwenigsten ist die „reale Welt" ein Ort der Versöhnung.

Schon die verspätete Rezeption der Romantik, einer zunächst deutschen Tradition, der freilich im außerdeutschen Sprachraum sehr viel mehr Erfolg und Wirkung beschieden war als in deren Herkunftsland, markiert eine Sonderstellung dieses Werkes, der sich Roth, ein „Solitär" der deutschsprachigen Literatur, in den zwanziger Jahren mehr und mehr bewußt geworden ist. Seine ‚Flucht ohne Ende' ist schon seit 1927 eine Flucht aus Deutschland; zu einem Zeitpunkt, als noch die wenigsten deutschen Autoren ans Exil gedacht haben, hat Roth eine Wahlheimat in Frankreich gefunden, dem Land der „weißen Städte", dem Land mit der Hauptstadt Paris.

Roths Werk zeugt von einer elementaren Heimatlosigkeit und Fremderfahrung, das betrifft auch die nationale und kulturelle Identität. Bruchlos läßt er sich nicht in die deutsche und nicht einmal in eine spezifisch österreichische Literatur einordnen. Auch die beliebte wie fragwürdige Methode der Philologen, den literarischen Ort eines Autors durch ein Geflecht von geistigen Vätern und Vorläufern, von Einflüssen und Bildungserlebnissen zu bestimmen (was nicht selten auf Kosten des einmaligen Lebens geht, das Literatur wird), schlägt angesichts eines Autors fehl, der, ungeachtet eines bürgerlichen Bildungsweges (der freilich durch den Krieg jäh unterbrochen wurde) zutiefst mißtrauisch ist gegenüber einer Literatur, die in erster Linie das Erlebnis von Lektüre ist. Roth hat niemals eine große Bibliothek besessen, Lieblingseinrichtung der gebildeten Oberschichten, er ist ein sporadischer Leser der Weltliteratur, die Welt der Philosophie, von Platon bis Hegel, blieb ihm zeitlebens verschlossen. Dies läßt sich sehr schön an seinem feuilletonistischen Werk ablesen. Die Welt der Literatur nimmt darin einen eher bescheidenen Platz ein. Gleichwohl wird bei der Lektüre jener Feuilletons, die sich mit Literarica beschäftigen, sichtbar, welche Autoren Roth bevorzugt. Oftmals sind es Zeitgenossen. Sympathie bezeugt Roth für Heinrich Mann, Emile Zola, Franz Kafka, Ödön von Horváth, E.T.A. Hoffmann, Flaubert, Joseph Conrad, Alfred Polgar, Karl Kraus, Heinrich Heine und Grillparzer.

Auf den ersten Blick sticht die Verschiedenartigkeit der Genannten ins Auge: fast alle modernen Literaturströmungen – von der Romantik bis zum Naturalismus – sind da vertreten. Die Autorenliste spiegelt so das Heterogene der Person und des Werkes von Joseph Roth selbst wider: Alfred Polgar und Karl Kraus feiert er als Meister des Wiener Feuilletons, an deren Tradition er selbst anknüpfen möchte, Heinrich Mann und Emile Zola schätzt er wegen ihrer politischen Courage und ihrer journalistischen Qualität, während Heinrich Heine überdies das jüdische Schicksal der kulturellen Heimatlosigkeit mit ihm teilt. Franz Kafka, Ödön von Horváth und E.T.A. Hoffmann sind (ebenso wie auf der ‚realistischen' Seite Flaubert und Conrad) literarische Wahlverwandte. Und Franz Grillparzer, jene Gestalt, die er in der Pariser Emigration beschwören wird, steht als Eckpfeiler der literarischen Tradition des alten Österreich. Das verrät schon deshalb literarisches Urteilsvermögen, weil die Wertschätzung von Kafka, selbst von Heine und Hoffmann in den zwanziger Jahren noch keineswegs so selbstverständlich war wie heute.

Joseph Roth ist – ganz im Gegensatz etwa zu Robert Musil, als dessen Pendant er zuweilen gesehen worden ist –, ein pointiert antiwissenschaftlicher, um nicht zu sagen antiintellektueller Autor. Er vermeidet in seinen Romanen den Disput über ästhetische Probleme, über die Aufgabe des Schriftstellers oder Reflexionen über Geschichte und Philosophie. Sein Verhältnis zur Bildung nimmt schon sehr früh polemische und dezidiert antibürgerliche Züge an. Man denke etwa an die Beschreibung der Welt des Kapellmeisters Tunda in dem Roman ‚Die Flucht ohne Ende': Kunst und Kultur erscheinen hier – aus der Perspektive des Bruders, des heimatlosen Abenteurers – als ein bequemes Interieur. In einem Aufsatz bezeichnet Roth das „Museum" der Bildung als eine „Art Festung, deren Mauern Furcht, Objektivität, Zartheit, Rücksicht, aber auch Schlauheit" sind, Vorwand für Unaufrichtigkeit und Selbsttäuschung. (GW, 4, 146)

Roths Ressentiment gegen alle Theorie und gegen Intellektuelle zeigt ein sehr genaues Sensorium für deren Schwächen. Im Zentrum steht die Angst, daß hier die Kunst auf Kosten des Lebens geht und ihren radikalen existentiellen Charakter einbüßt. Für Roth stand hingegen völlig außer Zweifel, daß der Abenteuerlichkeit des Lebens der Vorrang gebühre. Mit dem modernen Kult der Authentizität hat seine Position freilich nichts zu tun: so moniert er gegenüber jüngeren journalistischen und literarischen Kollegen (wie Bernhard von Brentano) unerbittlich die Bedeutung der sprachlichen Gestaltung, den Primat des Wie vor dem Was.

Der Vorrang des Lebens gegenüber der Kunst, wie er bei Roth immer wieder durchklingt, dürfte zwei Ursachen haben: zum einen ist ihm Literatur etwas, das persönliche Erfahrung in sprachlich transformierter Form ausspricht und sich ihr aussetzt, zum anderen aber hat Roth ein Gespür für die spielerische und phantastische Dimension des Lebens, das selbst als eine Art Roman zu begreifen ist.

Beides scheint ihm bei intellektuellen Kollegen wie etwa Siegfried Kracauer oder Walter Benjamin – beide kannte Roth von der gemeinsamen journalistischen Tätigkeit bei der

,Frankfurter Zeitung' – nicht gewährleistet. Ex negativo läßt sich dies an Roths positivem Urteil über Hermann Rauschning erkennen: „Wir haben in den letzten Jahren kein einziges Werk gesehen, in dem es vollkommen klar geworden wäre, daß Autor und Arbeit, Schöpfer und Schöpfung miteinander verbunden wären. Wenn man einen krasseren Ausdruck gestattet: wir haben die Nabelschnur vermißt, selbst in den Büchern ,subjektiver', will sagen belletristischer Autoren." (GW, 4, 442)

Diese „Nabelschnur" vermißt Roth bei „Kollektivbrödlern" wie Walter Benjamin (so ein kolportierter Ausspruch Roths über seinen Kollegen). Überdies verdächtigt er die Intelligenz, sozusagen von Berufs wegen besonders anfällig für Ideologien zu sein. Er formuliert damit ein weitverbreitetes Unbehagen, das die Nationalsozialisten – man denke an Feindbilder wie Kulturbolschewismus, Intellektueller und Asphaltliteratur – in schamloser Weise ausgenützt und in ein „Lob der Dummheit" (Roth) umgemünzt haben. (GW, 4, 231–234)

Es wäre voreilig, Roths Vorbehalte gegen die kritische Intelligenz (die natürlich auch Vorurteile beinhalten) dadurch zu desavouieren, daß man auf den wütenden Antiintellektualismus des Dritten Reiches und dessen Folgen verweist. Denn zweifellos hatten die Nationalsozialisten ein Gespür für Konflikte der Zeit, die sie auf ihre Weise zu ,lösen' trachteten.

Joseph Roth, ein antimoderner Schriftsteller? Ja und nein. Dem Prozeß der Verwissenschaftlichung und Intellektualisierung, wie er sich in vielen Strömungen (keineswegs allen) des 20. Jahrhunderts zeigte, steht Roth vorsichtig ablehnend gegenüber: seine Romane rücken ins Blickfeld, was im Abstraktionsprozeß, den die Moderne via kapitalistischer Rationalität und szientistischer Welterfassung vollzieht, verlorengegangen ist. Sein Plädoyer für einfache, erzählbare Geschichten, in denen sich nicht selten Wunderbares ereignet, korrespondiert mit einem tief sitzenden Kulturpessimismus, wie er sich bereits in der frühen, ,linken' Phase, also nach dem ersten Weltkrieg, manifestiert.

Gleichzeitig wird man sagen müssen, daß jenes weitverbreitete Bild, das Roth als einen Autor zeigt, der an seiner Zeit verzweifelt und sich mehr und mehr an die große österreichische Vergangenheit klammert, einseitig ist, ebenso wie jene These vom Anachronismus seiner epischen Mittel. Die auf Lucien Goldmann und auf den jungen Lukács zurückgehende Behauptung, daß sich unter dem Primat des Tauschwertes nicht mehr erzählen lasse, wäre überdies einer kritischen Prüfung zu unterziehen. Was sich nämlich verändert, ist nicht der Modus des Narrativen überhaupt – erzählt werden kann immer – sondern sind die Erzählungen. Es wird anders und anderes erzählt als im 19. Jahrhundert. Womöglich ist Joseph Roths Prosa hierfür ein eindrucksvoller Beleg.

Die gesellschaftlichen, psychologischen und ästhetischen Prozesse, die wir unter dem globalen Stichwort ‚modern' zusammenfassen, erfahren an ihrer Peripherie, der räumlichen wie der zeitlichen, eine besondere Ausprägung und Prägnanz. Anders als in den großen traditionellen Metropolen westlicher Zivilisation wird jene Umbruchsituation, für die das Wort Moderne steht, von den Menschen, die am Rande jenes Geschehens stehen, völlig anders erlebt. Das gilt insbesondere von den Menschen, die Roth als „Material" für seine literarischen Figuren verwendet: für die ungebildeten sozialen Unterschichten oder die historisch abgeschirmten Minderheiten, etwa das Ostjudentum. Sie erfahren die geschichtlichen und gesellschaftlichen Veränderungen, die nicht von ihnen in Gang gesetzt wurden, als schicksalhaft, von übermächtigen Figuren veranlaßt, wie sie uns in einem frühen Roman Roths, ‚Hotel Savoy' in Gestalt des amerikanisch-polnischen Millionärs Bloomfield und des geheimnisumwitterten Hotelbesitzers Kaleguropulos begegnen.

Erst aus der peripheren Perspektive wird das Wunderbare der modernen Zeit in all seinen Facetten augenscheinlich. Heute, wo Moderne als geistige Haltung kanonisch geworden ist, läßt sich zeigen, wie sehr die Literatur des 20. Jahrhunderts mit den Krisen und dem Zerfall traditioneller Lebenswelten (die sich zunächst gar nicht als solche begreifen) verbunden ist, zusammenhängt. Die Krise des Subjekts, die Erfahrung der Entfremdung, ist die andere Seite jener Entwicklung, die Literatur im modernen Sinne erst ermöglicht hat: die schmerzhafte Entfaltung von Individualität. Die Schnittfläche von alter, eigener und fremder, hereinbrechender, aber auch befreiender Erfahrungen steckt das Terrain ab, auf dem Literatur besonders günstig gedeiht, und zwar national ungleichzeitig. Es ist kein Zufall, daß die Klassiker der Moderne, von Joyce, Kafka über Beckett bis zu Borges und García Marquez aus eben diesen Peripherien stammen, die selbst Modernes als Fremdes erleben, erleiden oder auch begrüßen. Und kein Zufall ist es auch, daß die österreichische Literatur ihre große Blütezeit mit einigem zeitlichen Abstand zur deutschen Romantik, diesem ersten ästhetischen Wetterleuchten moderner Welterfahrung, erlebt und auf den französischen Symbolismus folgt. In einem, zugegeben idealtypischen Sinne läßt sich davon sprechen, daß von den Zentren westlicher Kultur, also zunächst von London und Paris aus, eine Bewegung in Gang gesetzt wird, die sich gleichsam kreisförmig auch nach außen entfaltet. Sie erreicht zunächst die nähergelegenen Länder und dann, gegen Ende des 19. Jahrhunderts, nicht zuletzt durch die Vermittlung Herders und der Romantiker, den osteuropäischen Raum.

In diesem kulturellen Bewegungsablauf muß man das Werk Roths aufspüren. Die eingängige Form der ‚schönen Geschichten' kann nämlich nicht darüber hinwegtäuschen, daß hier, zuweilen vehement, das Schicksal des Menschen in einer sich rapide verändernden Gesellschaft verhandelt wird. Die alte Welt gibt hierfür gleichsam die Folie ab: die in sozialer Auflösung begriffene ostjüdische Lebenskultur, die seit der Mitte des 19. Jahrhunderts von großen Auswanderungswellen erfaßt wird und die von der historischen Auszehrung bedrohten österreichischen Monarchie mit ihren ehrwürdigen und gewachsenen Strukturen, die dem Ansturm der neuen Zeit kaum gewachsen sind.

Daß Roths Gestalten – Korallenhändler, Bauern, Gendarmen, Bezirkshauptleute, Soldaten – nicht selten Menschen sind, die ein Leben unterhalb der Geschichtlichkeit führen, von der Dynamik der Zeit erfaßt und fortgerissen werden, läßt sich allemal erzählen. Was ihnen zustößt, ist, wie gesagt, nicht von ihnen bewirkt und doch durchlebt. Seine Erzählungen und Romane verwandeln sich gerne in Märchen, Legenden und Wundergeschichten. In diesen traditionellen Formen kommt etwas zum Ausdruck, das mehr ist als das bloße Aufgreifen traditioneller epischer Muster; deshalb ist der Rückschluß von der Gestaltungsweise auf die – mangelnde – literarische Modernität irreführend. Die Einfachheit der Rothschen Prosa ist trügerisch und die verwirrende Komplexität der neuen Welt schwingt stumm in den Legenden aus dem Osten mit.

Daß die von ihm bevorzugten Erzählformen und -muster die Gefahr der Sentimentalität mit sich bringen, dessen war sich Roth durchaus bewußt. Fast immer, zumindest untergründig, ist relativierende Ironie im Spiel. In seiner Polemik ‚Lob der Dummheit' hat Roth denn auch jene neudeutsche Rührseligkeit attackiert, die, der Neusachlichkeit müde und dem nationalistischen Ungeist nahe, das Denken verwirft. Roth hat eine unverkennbare Neigung zum Non-Rationalen, aber jede irrationalistische Attitüde ist ihm als Gegner von Ideologien fern. Dieser wenn man so will romantische Zug ist gepaart mit einer Klugheit, die, lebensbezogen, keineswegs mit theoretischer Intelligenz gleichzusetzen ist.

Der Ursprung von Roths Sentimentalität ist weniger in der Vorliebe für eine weltanschaulich verbrämte, narzißtische Empfindsamkeit zu suchen, sondern erwächst aus der inneren symbolischen Zuwendung zu dem, was man das Konkrete nennen könnte. Die zuweilen in polemische Abrechnung ausschlagende Ironie kann nicht verbergen, daß hier Mitleid und Sympathie mit dem einzelnen Menschen im Spiel sind, Eigenschaften, die in der Psychologie der deutschen Gefühlskultur eher unzureichend entwickelt worden sind.

Über zehn Jahre nach den kanonischen Publikationen etwa David Bronsens, Hartmund Scheibles oder Claudio Magris' ein Buch – und sei es auch nur einen Essay – über diesen bedeutenden osteuropäischen Schriftsteller deutscher Zunge zu schreiben, ist in mancherlei Hinsicht ein gewagtes Unternehmen. Was das Wagnis begünstigt, ist der zeitliche Abstand: heute liest sich Roths Werk anders als 1970 oder 1972.

Philologie und Essayistik sind letztendlich historische Disziplinen und für sie gilt, was der französische Althistoriker und Foucault-Freund Paul Veyne die „Notwendigkeit des Umschreibens" genannt hat: „Wenn man in die Gegenwart fortschreitet, wenn man in die Postmoderne übergeht, dann muß man ein neues Wörterbuch anlegen. Die Römer sind immer die Römer, aber ein Geschichtsbuch, eine Beschreibung geht dahin, zu sagen, das und das war bei den Römern anders als bei uns und für uns nicht zu verstehen, es sei denn in anachronistischer Weise. Es ist ein Wörterbuch der Unterschiede. Und es muß beständig umgeschrieben werden, weil jede künftige Zivilisation in derjenigen der Römer Aspekte wahrnehmen wird, die wir uns nicht einmal vorstellen können."

Der Prozeß des Lesens, Verstehens und Interpretierens ist prinzipiell unabgeschlossen. Es gibt kein ausgemachtes Ziel. Was vielleicht vor fünfzehn Jahren naheliegender Anknüpfungspunkt war, kann heute in die Ferne gerückt sein. Und umgekehrt. Heute könnte das Werk Roths – bei aller Differenz – mehr Aktualität beanspruchen als in den fünfziger und sechsziger Jahren mit seinen Parolen vom Kahlschlag und Wiederaufbau. Möglicherweise wird das auch zu einer neuen Gewichtung und Bewertung der einzelnen Erzählungen und Romane innerhalb seines Werkes führen. Hier wären etwa sein Frühwerk aber auch seine knappen und dichten Erzählungen zu nennen, die bislang eher unbelichtet geblieben sind.

Ob man diese neue Situation als „postmodern" bezeichnen möchte oder nicht, unabweisbar bleibt, daß wir heute andere Fragen (zumindest aber die Fragen anders) stellen als etwa in den siebziger Jahren. Das gilt für den Mythologie-Komplex ebenso wie für die im Werk enthaltene Kulturkritik oder für den politischen Standort des Schriftstellers oder für seine ästhetische Position innerhalb der deutschsprachigen Literatur.

2. Fremde als Heimat

Überall fremd und überall heimisch zu sein, das zählt zu den Grunderfahrungen unserer Epoche. Ströme freiwilliger und unfreiwilliger Wanderer hat dieses Jahrhundert erlebt.

Diese Entwurzelung, Quell sowohl von Leid als auch von Freiheitsgefühlen, Kennzeichen vieler Rothschen Helden, ist mit dem Verlust selbstverständlichen Daseins verbunden, mit dem Zweifel an der eigenen Identität. Dieser Zweifel entsteht dort, wo man sich fragt, wer man ist. Oder wo man gefragt wird, wer man sei. Was an Gewißheit bleibt, an Greifbarem, das ist der Name, der auf dem amtlichen Ausweis steht, den nicht wenige Helden Roths so dringend benötigen, um ihre ostjüdische Heimat in Richtung Neue Welt zu verlassen.

Roth hat diese Fremdheitserfahrung, die viel mehr ist als elegische Trauer um die verlorene Heimat, in fast allen seinen Romanen und Erzählungen angeschnitten; als besonders prägnante Beispiele hierfür können die frühe Erzählung ‚April', der Roman ‚Die Flucht ohne Ende' sowie – aus der Exilzeit – die Romane ‚Tarabas', ‚Beichte eines Mörders, erzählt in einer Nacht' sowie ‚Das falsche Gewicht' gelten. Die zwiespältige Erfahrung, Verlorenheit und Ungebundenheit zugleich, ist nicht an den real vollzogenen Ortswechsel geknüpft. Daß dieser prinzipiell möglich ist, konstituiert das neue Lebensgefühl, den Abschied aus der geborgenen Welt der Tradition: des Ostjudentums, der Doppelmonarchie. Die Behandlung dieses zentralen Themas unterliegt im Verlauf der literarischen Karriere Roths nicht unerheblichen Schwankungen. Dominieren in der ‚neusachlichen' Schaffensperiode – also in ‚April' oder in ‚Die Flucht ohne Ende' – Unbefangenheit und melancholische Ironie und das unbändige und zugleich doch fatalistische Freiheitsgefühl des Weltabenteuers, so schlägt diese stets gebrochene Euphorie seit Anfang der dreißiger Jahre, also in der späteren Schaffenszeit (‚Radetzkymarsch', ‚Hiob') und erst recht in den Jahren des Exils ins Gegenteil um: düster, schwermütig, pathetisch und religiös überhöht gestaltet Roth jetzt das Schicksal des in die Moderne getriebenen Menschen. So ist Tarabas ein später, schwerblütiger ‚Nachkomme' früherer revolutionärer Gestalten wie Tunda (‚Die Flucht ohne Ende'), Zwonimir (‚Hotel Savoy'), Kargan (‚Der stumme Prophet'), Brandeis (‚Rechts und links') und anderer heimatloser Helden. Aber von Anfang an ist ihm die Freude am Leben vergällt, die Neugierde tritt spürbar in den Hintergrund, der Revolutionär wird zum plumpen Trinker. Roths frühe Helden kennen kein Ziel, sie sind ahasverische Gestalten: Nicht wie man mit viel List am Ende doch noch durch alle Gefahren hindurch den rettenden Hafen erreicht, ist ihr Problem, sondern wie man diesem entgeht, um eine bodenlose Existenz, die ohne rechten Anfang und ohne rechtes Ende ist, aufrecht zu erhalten. Tarabas ist ein gebrochener Mensch, der am Ende für seine gewaltsamen Verstrickungen in der Welt büßt und das Leben eines christlichen Wandermönches führt, seine eigene Legende noch zu Lebzeiten.

Roths Rebellen und Roths Heilige verbindet eine auffällige Gemeinsamkeit: daß sie die Welt zu nichts verpflichtet.

Ein andauerndes Gefühl von Unwirklichkeit umgibt sie, der Eindruck, daß einem die Welt nie zu eigen ist. Damit scheint auch die spezifische Erotik des Werkes zusammenzuhängen: Erotik kann nämlich nur dort aufkommen, wo Ungewißheit bleibt und nichts äußerlich handhabbar ist, wo es eine Grenze des Verstehens und des Begreifens gibt. Roths männliche Figuren agieren in diesem atmosphärischem Feld.

Das beinhaltet auch ein In-sich-Eingeschlossen-Sein, das nur sehr punktuell durchbrochen werden kann und bedeutet eine Gefangenschaft, die durch keine Kommunikation mit dieser Welt und ihren Menschen, auch nicht durch die verbale oder leibhaftige Begegnung mit den Frauen aufhebbar ist. Einsamkeit, Sprachlosigkeit und Selbstverlorenheit, vielleicht sind das die Vokabeln, die die Leistung und die Grenze des Rothschen Œuvres umschreiben.

Betrachtet man diese einsamen selbstvergessenen Helden aus dem Blickwinkel des Autors, so sind sie weniger autobiographisch als gleichsam autopoetisch. Sie sind selbstgefertigte imaginäre Spiegelbilder eines Ich, das es auf sich selbst abgesehen hat und das sich nur im Schreiben wiederfindet. Und womöglich ist der wirklichkeitsenthobene Akt des Schreibens, jenes unkontrollierte und unzensierte Erfinden dieser Fremdgänger, exakt jener, der die Fremdheit erzeugt oder zumindest abbildet. Der Schreibende ist einsam, seine Tätigkeit gleicht der Verpuppung vor der Welt. Wenn Joseph Roth im Vorwort zur ,Flucht ohne Ende' davon spricht, daß er „zum Teil" den ,Erzählungen' seines „Freundes, Kameraden und Gesinnungsgenossen Franz Tunda" folgt, dann ist das in einem höheren Sinn wahr, denn seine fiktiven Gestalten stellen tatsächlich seine wichtigsten Gesprächspartner und Lebensgefährten dar. Das Spiel mit der fingierten Wirklichkeit enthüllt so – unfreiwillig – einen Sachverhalt ganz persönlicher Natur. Mit seinen Helden erfährt der Autor Roth die Welt, ihre Befangenheit oder Unbefangenheit ist – abenteuerlich überhöht – die eigene. Demgegenüber verblaßt die Außenwelt: Soviel Raum nehmen die Protagonisten der Rothschen Romane, diese imaginären Stellvertreter ihres Verfassers, ein, daß die Welt draußen bleibt und trotz aller gelegentlichen Genauigkeit im Detail eigentlich nur im symbolischen Aufriß erscheint, als Projektionsfläche menschlichen Verlangens. Die Gegenstände werden als symbolische Accessoirs wahrgenommen, die Verbindungen herstellen. Besonders anschaulich läßt sich dies an gewissen weiblichen Utensilien zeigen, die beinahe die Macht eines Fetisch besitzen: das gilt für das „blaue Höschen" Eva Demants, der Frau des tragisch endenden Regimentsarztes in ,Radetzkymarsch' ebenso wie für den „merkwürdigen Duft", den die Gräfin Walewska in der Erzählung ,Stationschef Fallmerayer' sozusagen im Haus des Bahnhofsvorstehers hinterläßt. Nie sind die Gegenstände als solche von Belang, sie werden vielmehr mit Bedeutung geladen durch die assoziative Energie der männlichen Hauptfiguren. Roths symbolisch verdichteter ,Realismus' beruht auf einer ,innengesteuerten'

Wahrnehmung. Da seine Helden ihren Gesichtskreis fast niemals überschreiten oder reflektieren, bleibt diese projektiv nach innen, auf sich bezogene, Wahrnehmung – die die Dinge nur in der Bedeutung für einen selbst sieht (und gelten läßt) – die einzige Form der Erfahrung und Kommunikation von bzw. mit Welt. Auf das Werk übertragen könnte man sagen, daß es nicht mimetisch sondern selbstbezüglich ist.

Von hier aus läßt sich eine Eigenart der Rothschen Sprache verstehen, die – sieht man einmal vom späten Horváth und von Ingeborg Bachmann ab – in der deutschen Literatur singulär dasteht. Die kurzen, linear gebauten Sätze, die scheinbar wie von selbst aufeinanderfolgen, sind dabei Teil einer märchenhaften Inszenierung, in der sich alles wie automatisch abspult. Wo das innere Geschehen so im Mittelpunkt steht, gehen die Sätze keine synthetischen und reflexiven Verbindungen ein. Jeder einzelne Satz hängt wie ein Fetzen aus einem Traum für sich allein und ist doch zugleich Teil eines fortlaufenden Gewebes, einer Textur, die weitergestrickt wird. Die Erzählung erweckt den Anschein, als ob sie keines Erzählers bedürfe. Zugleich aber wird sie aus dessen Zentrum gespeist.

Eindrucksvoll illustriert dies Roths Kurzroman ‚Beichte eines Mörders', eines seiner letzten und kompositorisch gelungensten Werke. Der alkoholisierte Zustand des Erzählers Golubtschik steht für eine innere Disposition der Weltenthobenheit, die zugleich Ausgangspunkt der scheinbar sich selbst erzählenden Erzählung ist. Nicht umsonst ist „die stehengebliebene Uhr im Restaurant ‚Tari-Bari'" mehr als ein zufälliges Requisit, wie es im Rahmentext der Erzählung heißt. Nicht nur steht in der Erinnerung, die die Erzählung wachruft, die Zeit still, sondern das Erzählen selbst, das die unerbittliche Abfolge der zeitlichen Abläufe mittels der ‚automatischen' Sätze verdichtet, annulliert die gegenwärtige Zeit, in der die Geschichte erzählt wird. Sie schlägt ihre Zuhörer in den Bann und zwingt sie gebieterisch zum Zuhören.

Die Lebensbeichte Golubtschiks erfordert die anderen nur als Anwesende, als Zuhörer, nie aber als Kommunikanten, als

Teilnehmer an einem Gespräch. Als ästhetisches Modell entspricht sie genau jener Fremdheit und Kommunikationslosigkeit, die Roths Helden kennzeichnet und die noch in der sprachlichen Gestaltung von Roths Erzählungen spürbar ist. Für die imaginäre Selbstbespiegelung – und um eine solche handelt es sich in diesem Roman – genügt es, wenn der andere als fiktive Instanz vorhanden ist. Er hat lediglich die Funktion eines Auslösers, er ist der Leser im Autor: die Textur ist immer schon vorhanden. Wer erzählt, der ist zwar nicht allein, aber er bleibt für sich: als Zauberer, der die Zeit vergessen läßt, weil er sie selbst vergessen hat. So betrachtet ist das verkommene Emigrantenlokal in ‚Beichte eines Mörders' Staffage, ebenso wie der Rahmenerzähler, der geduldige Zuhörer par excellence, Joseph Roth in seinem eigenen Text. Umgekehrt läßt sich der beicht-lüsterne Golubtschik als dessen alter ego deuten.

Betrachtet man Roths philosophische Märchen, und dazu gehören auch viele seiner episch sparsamen, nie ausufernden Romane, unter diesem Gesichtspunkt, dann verliert das Erzählen, das wie schon erwähnt, einer undogmatischen marxistischen Ästhetik (so etwa bei Benjamin) nur als Epik einer sinnvollen, ‚totalen' Welt statthaft erschien, den Makel des Unerlaubten und Sentimentalen. Roths Erzählungen berichten vom Einbruch äußerer, fremder Mächte in eine vertraute Welt. Das erzeugt – bei Golubtschik nicht anders als bei Tunda – unerwartete Abenteuer, merkwürdiges Unheil und eigentümliche Lebenssituationen: Golubtschik ist nach vielen Irrfahrten in Paris gestrandet, äußere und innere Lebensumstände haben ihn zum hoffnungsvollen jungen Mann, dann zum Hochstapler und zum zaristischen Spion gemacht; er ist eine abgewrackte und vom Leben gezeichnete Figur. Das Schicksal anderer Existenzen in Roths epischem Panoptikum verläuft in ganz ähnlichen Bahnen. Nicht endenwollende Irrwege durchlaufen sie alle: der ehemalige Bahnhofsvorsteher Fallmerayer, den der Krieg nach Rußland verschlägt, der österreichische Soldat Tunda, der zeitweilig ins Lager der bolschewistischen Revolution überwechselt, um sodann in Paris das Leben eines

Müßiggängers zu führen, der Jude Mendel Singer, der New York zur neuen Heimat erkoren hat und sie dort nicht findet.

Aus Roths Sicht stellt es ein intellektuelles Vorurteil, eine Verabsolutierung der eigenen Daseinsweise dar, wenn behauptet wird, daß die moderne Welt ereignislos und entfremdet ist, weil in ihr die Sachen über die Menschen herrschen. Die Abenteuer, die seine Helden in einer von fremden Mächten beherrschten Welt erleiden, verdanken sich dem zunehmend dynamischeren Konflikt zwischen der Unbeirrbarkeit und Objektivität der Zeitläufe und dem Wollen und Wünschen von Akteuren, die diese Zusammenhänge nicht durchschauen. Eine Kluft tut sich auf: zwischen dem, was beabsichtigt war und dem, was sich vollzieht. Das sind sehr summarisch gesprochen, die Abenteuer der Moderne und Joseph Roth, der Schriftsteller aus der galizischen Bezirkshauptstadt Brody, scheint wie geschaffen dafür, sie zu erzählen. Die dazu erforderliche Welthaltung muß Roth schon sehr früh in sich bemerkt haben. In einem seiner eindringlichsten und schönsten Briefe aus der Wiener Studienzeit schreibt er 1916 an seine Lieblingskusine Paula Grübel nach Lemberg:

„Was soll ich Dir wünschen? Drei königliche Dinge: eine Krone, einen Scharlachmantel, ein Szepter. Die goldene Krone der Phantasie den Scharlachmantel der Einsamkeit und das Szepter der Ironie. Es ist schwer mit 19 Jahren diese Dinge zu haben. Selten kriegt man sie." (Bf, 29)

Die Zeilen des kaum 24jährigen lesen sich im Nachhinein wie eine literarische Vorankündigung: Joseph Roth wird später über die Utensilien aus dem Märchenrepertoire frei und souverän verfügen; sie umreißen das seelische Spannungsfeld, aus dem das literarische Œuvre erwachsen sollte. Ironie, Phantasie und Einsamkeit, sie markieren einen Daseinsmodus, der als existentiell erfahrene Nicht-zur-Welt-Gehörigkeit beschrieben werden kann. Einsamkeit, das ist die Unerreichbarkeit der Außenwelt und der anderen Menschen, Phantasie verkörpert jenes Vermögen, statt dieser Außenwelt einen Innenraum auszugestalten, der für einen Menschen wie Roth Lebensraum schlechthin bedeutet. Die Ironie schließlich steht für den fortwährenden Eindruck, daß diese Welt nicht ganz wörtlich gemeint sein kann.

Was sich im Rückblick wie eine literarische Vorankündigung liest, ist zugleich die Bilanz einer Jugend. Versucht man den Spuren dieser Jugend und des ganzen Lebens nachzufahren, so wird ein seelisches Geschehen sichtbar, das noch in der Bruchstückhaftigkeit, in der es vorliegt, etwas von dem Ausmaß an Ungeborgenheit verrät, der Roth ausgesetzt war und der er sich später halb wissentlich ausgesetzt hat, weil es gar nicht mehr anders ging. Man mag darin, wie die orthodoxe Psychoanalyse, ein Indiz für die schweren psychischen Störungen Roths sehen, im literarischen Kontext läßt sich indes auch die Radikalität dieser Erfahrungen hervorheben, die jene der Zeitgenossen und heutigen Leser gleichsam wie durch ein Mikroskop vergrößert in einer gültigen und sichtbaren Form erscheinen lassen.

Bezieht man die aus der Roth-Forschung bekannten Fakten auf den Generalnenner eines Lebengefühls der Befremdlichkeit und Unbehaustheit (das sich im übrigen von der viel zitierten ‚Entfremdung' dadurch unterscheidet, daß dieser Zustand niemals das Erlebnis der Unentfremdetheit als schmerzhafte Erinnerung kennt), dann ergibt sich in der Tat das Bild eines Lebens, das in gewisser Weise signifikant ist für eine sehr viel allgemeinere Disposition des Menschen im 20. Jahrhundert.

Ungeborgenheit und Verlorenheit machen sich schon im innersten Bereich der Familie breit: da ist der spurlos entrückte Vater, jener Leerpart, der nicht zuletzt den Ausgangspunkt von Roths reger, ja überreicher Phantasie bildet. Dieser Vater, von dem man nichts Genaues weiß, löst sich in Legenden auf. Er bleibt ungreifbar und so wandelt sich seine Gestalt: er erscheint als ein irrer jüdischer Heiliger, als bankrottierender Geschäftsmann, der nichts vom Hopfenhandel, dem Gewerbe der Familie und nicht weniger anderer Juden (die auch im literarischen Opus Roths auftauchen), versteht. Der Sohn, geschwisterlos und allein, hat ihn nie zu Gesicht bekommen, wie umgekehrt der Vater nichts weiß von seinem Sohn.

Sich andere Väter zu erträumen, gehört zum Standardrepertoire kindlicher Phantasie, aber sie gewinnt eine fulminante Eigendynamik, wenn der reale Vergleich entfällt und der imaginäre Vater zum einzigen wird. Da spielt auch die Enttäuschung hinein, den erträumten Vater trotzig gegen jenen auszuspielen, der seinen Auftritt dem Kind gegenüber verabsäumt hat.

Der abwesende, der schwache oder auch der übermächtige Vater, das sind Themen einer ganzen Generation, deren expressionistisch-rebellische Stimmungslage in einem Dramentitel wie ‚Vatermord' ihren prägnanten Ausdruck gefunden hat und deren tiefere Ursache darin liegen könnte, daß der liebende, verständnisvolle, anwesende Vater sehnsüchtig vermißt wurde. Dies dürfte für Franz Kafka ebenso zutreffen wie für Walter Hasenclever, Arnold Bronnen oder auch für Robert Musil.

Im Falle des real vaterlosen Roth kommt hinzu, daß die sozusagen emotional abwesende Mutter wenig Möglichkeiten des Schutzes und der Kompensation anzubieten weiß. So ist Roth faktisch eine Halbwaise und seelisch eine Vollwaise. Die beiden Kusinen in Lemberg dürften in den Jahren der Adoleszenz diejenigen gewesen sein, die Roth am nächsten gestanden sind.

Roths Biograph David Bronsen schildert die Mutter als eine „in sich verschlossene, fromme, orthodoxe Frau, deren Bildung nicht über die Volksschule hinausreichte", als einen verstörten Menschen, der permanent in Angst und Furcht davor lebt, dem Sohn das traurige Schicksal des Vaters, den Wahnsinn, gestehen zu müssen. Dieser Frau ist nichts geblieben als dieser eine Sohn, der gehegt, gehätschelt und von der Umwelt abgeschirmt werden muß. Es klingt wie eine biographische Anmerkung, wenn der vaterlose Franz Ferdinand Trotta, einer jener imaginären Stellvertreter Roths, im Roman ‚Die Kapuzinergruft', der Fortschreibung von ‚Radetzkymarsch' über seine Mutter äußert: „Die Beziehung, die ich zu meiner Mutter unterhielt, war nämlich ... keine echte und ursprüngliche, sondern der kümmerliche Versuch, das Verhältnis nachzuahmen, das die jungen Männer zu ihren Müttern hatten." (GW, 2, 875f)

Die „heilige Scheu", von der im selben Zusammenhang die Rede ist, kann als ein Hinweis auf die Unnahbarkeit der Mutter verstanden werden, und zwar in einem doppelten Sinn: zum einen als ein aus diffusen Ängsten gespeister Abwehrmechanismus, zum anderen aber als eine im Verhältnis von Mutter und Sohn von Anfang an angelegte Kluft. Wie in Fällen enttäuschten Lebens nicht selten, überträgt sich der Ehrgeiz auf den Sohn, der es zu dem bringen soll, was man selbst gerne erreicht hätte. Der Effekt der Selbstabstoßung des Sohnes – um diesem den Aufstieg zu erleichtern – und die dadurch entstehende soziale Divergenz der Generationen, sind die unbarmherzigen Folgen solcher Aufstiegsmentalität, wie sie etwa auch in Iwan Turgenjews ‚Väter und Söhne' gestaltet werden. Wenn also der Sohn später – im Falle Roths – die Mutter vergißt, dann entspringt das einer perversen Art von Folgsamkeit: der soziale Aufsteiger (und ein solcher war Roth zweifelsohne) mobilisiert persönliche Kräfte, indem er sich innerlich von seiner Herkunft abwendet, sie verdrängt und vergißt, weil er sich ihrer schämt und deshalb entledigt. Hier wird übrigens auch der soziale Aspekt der Phantasie deutlich: Die Erfindung eines neuen Vaters und einer anderen Mutter sowie die überblendete Selbstdarstellung bilden den Prozeß gesellschaftlichen Aufstieges in verblüffender Weise getreu ab.

Der Preis des Erfolges und des neuen gewachsenen Selbstbildes ist, daß der Aufsteiger keine Familie hat, auf die er sich stützen könnte oder auf die er Rücksicht nehmen müßte. Joseph Roth kann – von der psychologischen Problematik, die ein halb assimiliertes ostjüdisches Elternhaus mitbringt, einmal abgesehen – auf keine Tradition eines kollektiven Selbstbewußtseins zurückgreifen. Der junge Roth scheint dies mit derselben Altklugheit überspielt zu haben, die auch den Vorzugsschüler Anton Wanzl, Hauptfigur einer seiner ersten Erzählungen, auszeichnet. Mit diesem Gestus erteilt er auch den beiden Kusinen Paula und Resia Grübel, den wohl einzigen Vertrauten, von oben herab Handlungsanweisungen, einer, der sein Selbstbewußtsein mit einer gewissen Folgerichtigkeit in den Gefilden der Fiktion begründet hat.

Die Mutter rückt Roth, wenigstens in der Erinnerung, in jene ungreifbare Ferne, in der der Vater weilte. Sie wird in seinen biographischen Phantasien zu einer folkloristischen Figur: zu einer slawischen Bäuerin, die ukrainische Lieder singt, erdnah und traurig; Zuweilen sieht sich Roth sogar als leibliche Frucht eines romantischen Seitensprungs der Mutter mit einem hochgestellten Offizier und Adligen.

Wie umstandslos die persönliche in die literarische Fiktion übergeht, zeigt ‚Beichte eines Mörders, erzählt in einer Nacht': Semjon Semjonowitsch Golubtschik, der nächtlich erzählende, betrunkene „Mörder" läßt – dem Genre entsprechend – seine Lebensgeschichte mit der Herkunft beginnen, die in geheimnisvollem Dunkel liegt. Seinen Zuhörern gegenüber präsentiert er sich als Sproß einer illegitimen Liaison zwischen seiner Mutter, einer wolynischen Förstersgattin, und einem märchenhaft reichen Fürsten, der wie ein gottähnliches Wesen über dem Geschehen waltet, die leibhaftige Vorsehung. Golubtschiks ganzes Trachten geht dahin, als der anerkannt zu werden, der er – nach seinem Dafürhalten – ist. Semjon wächst vaterlos auf, denn der „blonde" Förster, der unglückliche und sexuell zurückgewiesene Ehemann der Mutter, ist einem grauenhaften Eifersuchtsdrama zum Opfer gefallen. In phantastischer Weise ist also Roths eigene Biographie eingeholt: der vaterlose Sohn, der sich seinen Reim auf den Vater macht und der, zu größerem berufen, die Welt der Mutter verläßt, auf der Suche nach dem ‚richtigen' Vater.

Natürlich stellt sich dem jungen Semjon, der soeben einer höheren Schule entwachsen ist, bei seiner Reise nach Odessa, dort, wo der Märchenfürst residiert, ein Doppelgänger in den Weg, ja es hat den Anschein, als wimmle es in ganz Rußland nur so von Krapotkin-Söhnen, deren es so viele gibt, daß es zweifelhaft ist, ob der Fürst seinen illegitimen Sohn erkennen und anerkennen wird. Aus der Vorstellung der sich vervielfältigenden Doppelgänger spricht die Angst, als Sohn nicht angenommen zu werden. Wie alle anderen ‚Söhne' erhält Semjon eine wertvolle Tabaksdose, nicht aber das, was er eigentlich anstrebt: den Namen.

Aufgestachelt von einem bösen Dämon, dem findigen Ungarn Lakatos, einem Unheilsbringer und Stammgast in Roths imaginären Panoptikum, beginnt der junge Mann den Kampf um seine wahre Identität, der mehr und mehr zu einem um den ‚richtigen' Namen gerät: Nur wer den richtigen Namen trägt, besitzt Identität. Vom ‚Vater', diesem stillem Beschützer und unnahbarem paternalen Geist zurückgestoßen, versucht er sich an diesem wie an seinem namentlich anerkannten ‚Doppelgänger' zu rächen. Nach einer Auseinandersetzung mit diesem, wird er auf Betreiben des Krapotkinschen Familienclans gezwungen, nach Paris zu fliehen. Dort beginnt seine erfolgreiche Karriere als Mitglied der zaristischen Geheimpolizei. Als man ihm die falschen Ausweispapiere aushändigt, triumphiert „die unerklärliche Magie des Wortes; des geschriebenen, des aufgeschriebenen Wortes": „... ein nichtsnutziger, ein gedankenloser Polizeibeamter hatte mir einen Paß auf den Namen Krapotkin ausgestellt; und er hatte sich dabei nicht nur gar nichts gedacht; er hatte es auch für selbstverständlich gehalten, einem Spitzel Golubtschik den Namen Krapotkin zu verleihen ... Durch die einfache Tatsache, daß ich einen Paß auf den Namen Krapotkin besaß, war ich ein Krapotkin schlechthin; aber zugleich bewies mir dieser Paß noch auf andere, ganz irrationale Weise, daß ich ihn nicht nur zu Unrecht, sondern auch zu unredlichen Zwecken erworben hatte. Er war gewissermaßen der stetige Zeuge meines üblen Gewissens. Er zwang mich, ein Krapotkin zu werden, indes ich nicht aufhören konnte, ein Golubtschik zu sein, Golubtschik war ich, Golubtschik bin ich, Golubtschik bleib ich meine lieben Freunde!. . ." (GW, 2, 714)

In diesem Roman, der geschickt Motive Hoffmanns und Dostojewskis aufgreift und auf originelle Weise verknüpft, kommen erdichtetes Ich und erleidendes Ich nicht mehr zusammen. Gleichzeitig zerfließen die Grenzen zwischen Fiktion und Wirklichkeit. Ausgerechnet zu dem Zeitpunkt, an dem der Zusammenbruch seiner Hoffnungen erfolgt, seiner zählebigen Illusion, Anerkennung zu erzwingen, kommt es – ganz unerwartet und die Absicht Semjons in greller Weise parodierend – zur namentlichen Anerkennung, deren faktisch-juridische Seite zumindest zweifelhaft bleibt: denn den wirklichen Namen, um den der junge Mann so irrwitzig gekämpft hatte, erhält er nur in einem gefälschten Dokument. Daß er ihn jetzt offiziell, wenn auch als Verhöhnung seiner eigenen ehrgeizigen Absichten tragen darf, führt zu jener bereits in der Romantik ausführlich thematisierten Spaltung, wie sie im Doppelgänger-Motiv zu Tage tritt:

„Wie aber sollte ich gar meinen falschen Halbbruder nicht hassen? Den Vater, den Namen und die geliebte Frau hatte er mir genommen! Wenn ich überhaupt einen Menschen meinen Feind nennen konnte, so war er es. Ich haßte ihn. Ach, wie ich ihn haßte! Wer, wenn nicht er, war schuld daran, daß ich das schmutzigste aller Gewerbe ausübte? Er vertrat mir immer wieder den Weg. Ohnmächtig war ich gegen ihn, übermächtig war er mir gegenüber. Immer, immer stand er gegen mich, ja immer, immer kam er mir zuvor, um gegen mich aufzustehn. Nicht der Fürst Krapotkin hatte ihn gezeugt. Gezeugt hatte ihn ein anderer." (GW, 2, 715)

Trotz aller Mordgelüste läßt er sich nicht aus der Welt schaffen, dieser Doppelgänger. Wie ein Schatten verfolgt er jenen Golubtschik, vereitelt er dessen Identität mit sich. Was Roths Held nämlich findet, ist Unsicherheit und Differenz. Vielleicht umschreibt dieser Sachverhalt, über Roths private Befindlichkeit hinaus, ein generelles Muster ästhetischer Modernität: das Heraustreten des Individuums aus den überlieferten Zusammenhängen, eine Grundsituation, die die Frage nach dem, was man – nach dem Verlust dieser überlieferten Sinngefühle – ist, nach sich zieht. Darauf läßt sich nur widersprüchlich und irritierend antworten. Das, was man ist, schmilzt förmlich auf den Namen zusammen, und selbst da weiß man nicht, ob man den richtigen trägt.

Man ist und bleibt ein Fremder ohne Namen, ohne Heimat, ein Mensch, der sich nur in der Fremde heimisch fühlt. Man trauert der Heimat nicht nach, denn man hat nie eine besessen. So fügt sich Roths privates Lebensschicksal, das einen familiär zutiefst beschädigten Mann zeigt, nahtlos in größere epochale Zusammenhänge ein. Daß das Ich stets ein falsches ist, mag Teil einer erschütternden Lebensbilanz sein, die glatte Identität und sorglosen sozialen Aufstieg verfehlte, im gleichen Atemzug steht eine solche existentielle, literarisch gestaltete Erfahrung in einer gewissen allgemeinen Gültigkeit vor uns wie Rimbauds „Ich ist ein anderer".

Ich-Bildung, so könnte dieser Satz gedeutet werden, hat immer mit Imagination und Projektion zu tun. Selbstbild und Selbsttäuschung sind nur zwei Seiten ein und derselben Sache. Das soll nun nicht heißen, daß dieser Prozeß der Ich-Bildung irreal wäre. Im Gegenteil: das Spiegelbild, das nicht mit dem eigentlichen Ich zur Deckung kommt, macht Geschichte, wird uns zum Schicksal wie Golubtschik sein Doppelgänger, der ‚falsche' Krapotkin.

Golubtschik vermag sein Dasein nur zu ertragen, weil er weiß, daß er eigentlich Krapotkin ist, aber als Krapotkin kann er nicht vergessen, daß es Golubtschik gibt. In dieser paradoxen Tragik bewegt sich Roths „Mörder", und sie bewirkt die Dynamik eines Geschehens, das zu allererst ein seelisches ist. Der zum Spitzel Gemachte und Gewordene – der Beruf verdeutlicht noch einmal, ungeachtet seiner Windigkeit, das Abenteuerliche alles Fiktiven – kann nicht darauf verzichten, ein Fürstensohn, womöglich der einzig wahre, zu sein. Ehrgeiz, Wahn und Hochstapelei sind drei gewiß höchst unterschiedliche Indizien für die geschilderte psychische Dynamik. Der „Halbbruder", der auch eine die innere Phantasiewelt bedrohende äußere Wirklichkeit repräsentiert, muß ausgeschaltet, beseitigt werden. Andererseits bedarf es seiner, und sei es nur, um sich ihm gegenüber als der einzige rechtmäßige Krapotkin behaupten zu wollen. Der Tötungswunsch bezieht sich auf beide Aspekte der doppelgängerischen Existenz. Er offenbart sich in Krapotkins Reueanfällen und Beichten: Golubtschik beichtet, obschon er kein Mörder im handgreiflichen Sinne ist.

Zugleich repräsentieren der Rahmenerzähler wie die anderen nächtlichen Gäste im ‚Tari-Bari' den fiktiven Leser, wie er in jeder ausdrücklich erzählenden Prosa Gestalt annimmt. Am Ende der Erzählung bleibt der Zuhörer bzw. Leser unschlüssig zurück. Denn diese Lebensbeichte kann ebensosehr die Phantasterei einer armen Kreatur sein wie die Darstellung eines aberwitzig verlaufenen Lebens.

Entscheidend wird, daß Golubtschik sich selbst, zögernd, zuweilen widerrufend, als Krapotkin bezeichnet. Dadurch verläuft sein Leben in bestimmten Bahnen. Denn jede Namensgebung ist willkürlich und zugleich von enormer Bedeutung. Es gibt keine wahren und falschen Namen. Indem sich Golubtschik in diesem widersprüchlichen Verpuppungsspiel dafür entscheidet, Golubtschik zu sein, der wiederum in Wirklichkeit Krapotkin heißt, ist seine Lebensgeschichte vorgezeichnet.

Wenn am Ende die geliebte Frau aus der Erzählung, um die Golubtschik mit seinem „Halbbruder" so hart gekämpft hat, als häßlich keifende Alte auf der Bildfläche erscheint, eine Karikatur ihrer selbst, dann wird deutlich, daß Golubtschiks Leiden real sind, gleichgültig, ob sie von einem imaginären oder einem realem Doppelgänger herrühren. Die Frau war die zentrale Figur in diesem innerpsychischen Geschehen, und ihr häßliches Aussehen versinnbildlicht den Akt der Entzauberung, der am Ende dieser Geschichte steht.

Aber nicht nur in einem innerpersönlichen Sinne ist die feste greifbare Identität in Roths Werk und in den ihm zugrundeliegenden Erfahrungen außer Kraft gesetzt. Sie lassen sich gleichsam in konzentrischen Kreisen darstellen, die vom persönlich-familiären Bereich ausgehend sich in den Großbezirken Religion, Sprache und Nationalität fortsetzen. Überall dominiert der Eindruck, daß man nicht aus einem Guß ist. Der 1894 an der Peripherie der Habsburger-Monarchie geborene Joseph Roth hat nicht mehr die alte jüdische Schule, den „Cheder", besucht, den er in seinem ‚Hiob' so eindrücklich beschrieben hat: dort zählte eigentlich nur die religiöse Unterweisung. Vielmehr darf der junge Mosche Joseph, der sich in seiner Jugend noch Muniu, später aber nur mehr, die jüdische

Herkunft verwischend, Joseph nennt, in die von Baron Moritz von Hirsch gestifteten Reform-Volksschulen gehen, wo man auch für die weltlichen Belange ordentlich unterrichtet wird. Man ist Jude und doch nicht Jude.

Aber man ist auch Deutscher und doch nicht Deutscher. In Roths Familie wird deutsch gesprochen, aber damit ist man schon ein Fremder in der Heimat, in der die überwiegende Zahl der Menschen Polen und Ukrainer sind, die zukünftigen Herren Galiziens. Roth ist in einer doppelten Enklave aufgewachsen: als Jude und Deutschsprachiger in einem slawischen Siedlungsgebiet. Deutsch ist die Sprache des sozialen Aufstieges, der einem lange verwehrt war. Den um nationale Selbständigkeit kämpfenden slawischen Völkern wiederrum gilt sie als Ausdruck einer Fremdherrschaft, die der eigenen nationalen Identität im Wege ist. Viel Platz bleibt da nicht für die Juden.

Der eigenen Tradition war Joseph Roth schon früh entfremdet, gleichwohl hängt sie wie ein Makel an ihm, der nicht abzuschütteln ist. Hier gibt es keine Chance, eine ethnische oder religiöse Identität zu finden. Aus der Sehnsucht, eine solche zu erlangen, ist Ende des 19. Jahrhunderts der Zionismus, die Idee einer jüdischen Heimat, entstanden, eine Idee, die Roth zeitlebens bekämpft hat, weil er, der assimilierte Jude, darin einen Verrat an der jüdischen Tradition ahasverischer Heimatlosigkeit erblickte, von der sein ganzes Werk durchzogen ist. Angesichts der aufkommenden Nationalitätsstreitigkeiten bleibt ein deutschsprachiger Jude in Prag ebenso wie in Brünn oder in der galizischen Grenzstadt Brody einer, der nicht auf Wanderschaft zu gehen braucht, um ein Fremder zu sein. Erst recht, wenn man der Religion der Väter den Rücken gekehrt hat.

Auch die soziale und politische Ich-Bildung des jungen Roth weist Ähnlichkeiten mit jener Golubtschiks auf, der gern hoch hinaus möchte und dem dann doch wieder das andere Ich in die Quere kommt. Wer ist man? Jude, Österreicher, Deutscher? Bürger oder Untertan eines alten katholischen Universalreiches? Oder ein „Ost-Phale“, der doch mehr mit den polnischen, russischen, ukrainischen und ostjüdischen Menschen verwandt ist, mehr als er zugeben möchte? Eindeutigkeit läßt sich nicht herstellen. Das muß sich auch im literarischen Werk niederschlagen, dessen Sprache zwar deutsch, dessen Grundton indes weiter östlich gelagert ist.

Fremd und fern bleibt aber auch der Staat, in den man hineingeboren worden ist und der nach 1918 urplötzlich im Ozean der Geschichte versunken ist. Als die Monarchie noch bestand, lag ihr Zentrum die Stadt, in der der märchenhaft entrückte Kaiser regiert, dessen Konterfrei zugleich überall zu sehen ist, achthundert Kilometer von Brody entfernt. Diese Eindrücke bilden den Grundstock für Roths spätere Kaiser-Romane ‚Radetzkymarsch' und ‚Die Kapuzinergruft'. Hier schreibt einer über eine Heimat, die er im vollen Sinn des Wortes niemals gehabt hat, eine sehr symbolträchtige Heimat, „ein kleines Abbild der bunten Welt", wie es in der Erzählung ‚Die Büste des Kaisers', einem Requiem aus der Emigrationszeit, heißt: „Wie jeder Österreicher jener Zeit liebte Morstin das Bleibende im unaufhörlich Wandelbaren, das Gewohnte im Wechsel und das Vertraute inmitten des Ungewohnten. So wurde ihm das Fremde heimisch, ohne seine Farbe zu verlieren, und so hatte die Heimat den ewigen Zauber der Fremde." (GW, 3, 174)

Eine seltsame Heimat scheint die Fremde zu sein. Nie weiß man, wo man hingehört und zugleich kann man sich aussuchen, wer man ist: Heimat ohne Boden, fern und symbolisch. Wie seine poetischen Spielgefährten, die einsamen Rebellen und die vornehmen Aristokraten, bewegt sich auch Roth am liebsten außerhalb des vertrauten Terrains, ein Österreicher, der es im Ausland genießt, Angehöriger dieses eigentümlichen Reiches (gewesen) zu sein. Die Monarchie eignet sich besonders als Ort für Fernliebe. Diese ist im Falle Roths schon früh erwacht: Mitte der zwanziger Jahre.

Fernliebe bei gleichzeitigem Wandertrieb ist schon in der frühen Erzählung ‚April. Die Geschichte einer Liebe' von zentraler Bedeutung. Die Handlung setzt mit der Ankunft des Ich-Erzählers, eines jungen Mannes in einer kleinen Provinzstadt österreichischer Provenienz, ein. Nie wird klar, warum er ausgerechnet in diese Stadt kommt, ob er sie schon zuvor besucht hat, ob sie ihm bekannt ist oder nicht. Im Grund genommen könnte es auch eine andere sein.

Er macht sich mit ihrer Geschichte vertraut und versenkt sich in ihre Geschichten. Zugleich geht er eine Liebschaft mit Anna, der Kellnerin des Gasthofes, in dem er wohnt, ein. Aus all dem entspringt eine ironisch-distanzierte Vertrautheit: gegenüber der Stadt, der Natur und gegenüber der Frau.

Trotz seiner intensiven, symbolisch verdichteten Beobachtungen und Erlebnissen will sich kein festes Verhältnis einstellen, weder zu der Stadt, noch zu der Frau, die ihr Spiegel ist. Nach einer sprachlosen Bekanntschaft mit einer anderen Frau am Fenster – es bleibt stets beim Blick aus der Ferne – verläßt Roths Held die Stadt, die ein „steinerner Bischof" gegründet hat, ebenso unmotiviert, wie er sie betreten hatte: „Im Kupee war mir, als hätte ich die Pflicht zu weinen. Ich aber lachte, sah, wie auf dem Felde ein Hirt seinen Hund schlug, ein Streckenwächter mit dem Signal strammstand, seine Frau Wäsche trocknete und ein kleiner Landwagen auf einem Feldweg torkelte. ‚Das Leben ist sehr wichtig!' lachte ich. ‚Sehr wichtig!' und fuhr nach New York." (GW, 3, 82)

Diese Beziehungslosigkeit scheint ein Grundzug des gesamten Werkes zu sein. Sie verweist zum einen auf eine einsame Kindheit, zum anderen aber auf ein bestimmtes Lebensgefühl. Der Mensch ohne Heimat ist ein stiller Melancholiker, der zwischen Emphase und Verzweiflung hin und herschwankt, ein neuer Typus Mensch, der sich äußerlich wie innerlich frei zu bewegen versucht und der im Grund genommen nicht das Los der Entfremdung beklagt, sondern die Möglichkeiten eines unauflöslichen Fremdheitsgefühls ohne anfängliches Einheitserlebnis, trotz aller Schrecken, bejaht. Die Ironie ist die Geste dessen, der den Preis solcher Ungebundenheit kennt.

In dieser Haltung begegnen uns die Helden der frühen Romane Roths. Die atmosphärischen Verschiebungen seit Ende der zwanziger Jahre, die dann im Exil voll zum Durchbruch gelangen, verändern diese Grundstruktur nicht wesentlich. Sie betonen zwar die historische Verbundenheit mit dem alten Österreich und auch mit der engeren galizischen Heimat, aber eine Verbindlichkeit leitet sich daraus kaum her. Roths imaginäres Österreich ist ein entrücktes Land, vertraut und fern wie die Stadt in ‚April'. Und zu diesem buntscheckigen Land gehören Menschen wie der Erzähler aus ‚April' oder wie Franz Tunda aus ‚Flucht ohne Ende': „... da stand mein Freund Tunda, 32 Jahre alt, gesund und frisch, ein junger, starker Mann von allerhand Talenten, auf dem Platz vor der Madeleine, inmitten der Hauptstadt der Welt und wußte nicht, was er machen sollte. Er hatte keinen Beruf, keine Liebe, keine Lust, keine Hoffnung, keinen Ehrgeiz und nicht einmal Egoismus. So überflüssig wie er war niemand in der Welt." (GW, 1, 421)

3. Wohnort: Hotel

Nur einmal, kurz nach seiner Heirat, hat Roth über eine eigene Wohnung – in Berlin – verfügt. Die überwiegend noblen Hotels, in denen er sein ganzes, rastloses Leben zugebracht hat, sind provisorische Wohnorte, die das eigene Heim ersetzen und denen er doch treu anhängt, so etwa dem Englischen Hof in Frankfurt, dem Hotel Zoo in Berlin und insbesondere dem Hotel Foyot in der Nähe des Jardin du Luxembourg in Paris.

Seit 1926 erscheinen die Adressen der betreffenden Hotels, in denen Roth immer wieder Logis nimmt, regelmäßig in der Korrespondenz; sie sind kostspielige Insignien eines ungebundenen Lebens, das kommode Bürgerlichkeit zugunsten eines aristokratisch-vagabundierenden Lebensstils verschmäht. Sind es mehrere verschiedene Aufenthaltsorte oder ist es am Ende nicht doch ein und derselbe mitsamt seinen Stereotypen, wie sie uns in einer Feuilleton-Serie oder im frühen Roman ‚Hotel Savoy' begegnen?

Hier, in den anonymen Hallen und Zimmerfluchten modernen großstädtischen Hotellebens wird die moderne Welt gleichsam räumlich eingeholt, wird ihre innere Verfassung abgespiegelt. Im Bild des Hotels überkreuzen sich zwei soziale Momente: bürgerliche Geschäftigkeit und Luxus einerseits, antibürgerliche Daseinshaltung andererseits: der Verzicht darauf, Wurzeln zu schlagen. Letzteres gilt freilich nur für den Extremfall, wenn das Hotel zum Dauerdomizil wird wie bei Roth.

Das Leben im Hotel hätte auch erfolgreichere Schriftsteller als Roth einer war finanziell ruiniert. Aber er hat, selbst in den prekärsten Situationen, nie daran gedacht, es aufzugeben, gehörte es doch zu jenem selbst geschaffenen Bild, das Roth schon nach seinen ersten journalistischen und literarischen Erfolgen liebevoll pflegte: es erfüllte den Wunsch und die Sehnsucht nach einer unfixierten, aber stilvoll arrangierten Existenz; die Existenz im Hotel ermöglichte das Glücksgefühl, der stickigen Enge kleinbürgerlicher Heimeligkeit entronnen zu sein. Roth selbst hat das Hotel zu einem epitheton ornans des eigenen Lebens erhoben und es zu einem Schlüsselbegriff seiner Welterfahrung gemacht, so etwa, wenn es in ‚Ankunft im Hotel', dem ersten Text der Feuilletonreihe, geradezu emphatisch heißt: „Das Hotel, das ich wie ein Vaterland liebe." (GW, 3, 566)

Immer wieder kreisen Roths Gedanken um den Gegensatz von Geborgenheit und Ungeborgenheit. Das Personal – Kellner, Stubenmädchen, Portier, Patron – sie alle erscheinen auf einmal als Mitglieder einer Familie, in deren ‚Haus' der Hotelgast eintritt: „Wie andere Männer zu Heim und Herd, zu Weib und Kind heimkehren, so komme ich zurück zu Licht und Halle, Zimmermädchen und Portier." (GW, 3, 566)

Gast und Personal kennen einander und doch bleibt ihr Verhältnis zueinander unpersönlich, von Distanz geprägt, von sachlichen Notwendigkeiten bestimmt. Die daraus resultierenden Rituale, denen auch der Hotelgast unterliegt, müssen Roth zweifelsohne fasziniert haben. Zu ihnen gehört auch, daß der Hotelgast nicht beliebig lange an ein und demselben Ort verweilen kann, weil sonst die nötige und würdige Distanz verloren geht: „Ich wäre unwürdig des großen Glücks, ein Fremder zu sein, wenn ich noch länger bliebe." (GW, 3, 591)

Dieses regulierte und wohltemperierte Leben wird von symbolischen Handlungen bestimmt, die eine extreme Form sozialen Daseins konstituieren: das obligatorische Ausfüllen, die Vergabe der geheimnisvollen Zimmernummern, die Bestellungen und Telephonate, die einstudierten Blicke, die Begegnung mit den fremden Gegenständen im Zimmer auf Zeit, die Auskünfte, die An- und Abreise. Nichts gehört einem und so fällt der Abschied nicht schwer: „Ich liebe das ‚Unpersönliche' dieses Zimmers, wie ein Mönch seine Zelle lieben mag!" (GW, 3, 567)

Das ist eine entschiedene Absage an Heimat und Heimseligkeit. Der Hotelgast wird zum modernen Mönch, und sein Kloster ist eine anonyme, gleichmütige wie gleichgültige Welt. Hier, im Hotel, ist sie en miniature eingefaßt: aus allen Teilen der Welt strömen die Menschen herbei, Personal wie Gäste, „von der Enge ihrer Heimatliebe befreit", „Kinder der Welt". (GW, 3, 568) Solche und ähnliche Sequenzen wollen nicht recht in das Bild eines kritischen Heimatdichters passen, der über die verlorene Heimat trauert und sich nach Geborgenheit sehnt.

Aber das ist nur die halbe Wahrheit. Er sitzt im Hotel, weil er sich sehnen möchte. Wenn Roth in seinen Feuilletons über das Hotel liebevoll den Koch beschreibt, der so gut Deutscher wie Tscheche, Slowake oder Jude ist, eine Gestalt „aus den Träumen meiner Kindheit", (GW, 3, 579) dann wird das Hotel zum Abbild einer schillernden, abwechslungsreichen Heimat, nämlich des Habsburger Reiches, das in Roths Deutung jedweder eindeutigen Zuordnung widerstrebt und keine ungebrochene Identität und keinen linearen Patriotismus zuläßt. Österreich ist ein Hotel und Österreich ist eigentlich die Welt. Aufschlußreich ist auch der Hinweis auf das mönchische Dasein des modernen Hotel-Menschen: in der Bindungslosigkeit der Rothschen Figuren erfüllt sich, wie verquer auch immer, das Schicksal des Einsiedlers. Das Hotelzimmer ist der monadische Raum, in dem man die Welt nicht in Händen hält; sie tritt ein wie ein „Gast": „... daß ich einsam bin und nicht vereinsamt, allein und nicht verlassen, abgesondert und nicht getrennt. Wenn ich das Fenster öffne, ist die Welt bei mir zu Gast." (GW, 3, 567)

Das Hotel wird zum gleichnishaften Ort gesellschaftlichen und existentiellen Geschehens, zur Stätte der Zuflucht und der Offenbarung, hier treffen sich die Getriebenen, auch die Entsagenden.

Als eine permanente Zwischenstation hat es Roth in seinem Roman ‚Hotel Savoy' gezeichnet, als Hort eines undurchschaubaren Schreckens: unentrinnbar, eine klaustrophobe Hölle. Dieser bilderreiche und zugleich kompositorisch unerbittliche Roman weist schon auf Grund seines überwirklichen Ordnungscharakters und seiner bewußt verfremdenden Gestaltungsabsichten unübersehbar eine Wahlverwandtschaft mit dem Werk Kafkas auf.

„Man kann aber doch nur – ich meine unsereins – im Hotel wohnen", (GW, 1, 143) äußert die Varietekünstlerin und Schauspielerin Stasia gegenüber Gabriel Dan, der männlichen Hauptfigur des Romanes, einem kriegsmüden, melancholischen Heimkehrer aus dem Osten. Dieser Prototyp aus Roths imaginärer Schauspieltruppe wiederum bekennt: „Früher wollte ich Schriftsteller werden, aber ich ging in den Krieg, und ich glaube, daß es keinen Zweck hat zu schreiben. Ich bin ein einsamer Mensch, und ich kann nicht für alle schreiben." (GW, 1, 143)

Schon aus dem ersten Gespräch der beiden ist abzulesen, daß Stasia und Gabriel ein Paar bilden, das keines werden kann. Sie lernt in der schäbigen Pracht des am östlichen Rand Europas gelegenen Hotel französisch und träumt immerzu von Paris, während er, ein weltverlorener Wanderer in der Wüste, abgerissen und lebenshungrig zugleich, froh ist, nach fünf Jahren „wieder an den Toren Europas" zu „stehen" und „wieder ein altes Leben abzustreifen." (GW, 1, 131) Er hat die Geduld verloren, feste Beziehungen einzugehen.

Im Gegensatz zu dem in den Feuilletons liebevoll beschriebenen Hotelbetrieb ist das siebenstöckige Etablissement im Roman ein unheilvoller Ort, makaber, undurchschaubar, wie im Märchen. In einer häßlichen osteuropäischen Industriestadt gelegen, scheint ein merkwürdiger Bann von ihm auszugehen. Nicht wenige Menschen kommen in das Hotel, die nur ein paar Tage sich aufhalten wollten und dann ihr ganzes Leben dort verbringen. Auch Gabriel Dan entkommt dieser Stadt nur, weil das Hotel in Flammen aufgeht. Da erst verläßt er die Stadt.

Roth operiert mit Motiven, wie sie uns etwa aus dem absurden Theater eines Beckett oder Ionesco vertraut sind. Nie treibt er die literarische Entfremdung aber so weit, daß – bei aller Phantastik – nicht doch Assoziationen an historische

Vorlagen geweckt würden. Gleichwohl steht er dieser Tradition näher als einem Realismus, dem es um eine historische, geographische oder soziale Abbildung von Wirklichkeit zu tun ist. Als eine Grenze dieses Werkes mag es der heutige Leser empfinden, wenn die Erzähler oder Protagonisten des Rothschen Romans ausplaudern, was gemeint ist, so etwa wenn Zwonimir, der ungebärdige kroatische Rebell sagt: „Das Hotel Savoy . . . ist ein reicher Palast und ein Gefängnis. Unten wohnen in schönen, weiten Zimmern die Reichen, die Freunde Neuners, des Fabrikanten, und oben die armen Hunde, die ihre Zimmer nicht bezahlen können und Ignatz die Koffer verpfänden. Den Besitzer des Hotels, er ist ein Grieche, kennt niemand, auch wir beide nicht, und wir sind doch gescheite Kerle." (GW, 1, 213)

Trotz all dieser Deutungen – auch des Romans – bleibt das Hotel mit seinem skurrilen Portier Ignatz und seinem ominösen Besitzer ein Geheimnis: „dieses einzigen Kaleguropulos wegen hätte es sich gelohnt hierzubleiben." (GW, 1, 168) Gabriel Dan bleibt in der grauen Stadt mitsamt ihrer „grotesken Architektur".

Grotesk ist aber nicht nur die Architektur der Stadt sondern auch die des Hotels, dessen untere Etagen den Reichen vorbehalten ist, wogegen die Armut „in Gottesnähe" wohnt. Das Interieur und die Bar sind, wie in den beiden später geschriebenen Prosafragmenten ‚Perlefter' und ‚Erdbeeren' Zitate der Zivilisation, Spuren Europas im Osten: „Es verspricht Wasser, Seife, englisches Klosett, Lift, Stubenmädchen in weißen Hauben, freundlich blinkende Nachtgeschirre, wie köstliche Überraschungen in braungetäfelten Kästchen; elektrische Lampen, aus rosa und grünen Schirmen erblühend wie aus Kelchen; schrillende Klingeln, die einem Daumendruck gehorchen; und Betten, daunengepolsterte, schwellend und freudig bereit, den Körper aufzunehmen." (GW, 1, 131)

Eine gewisse Umkehrung ist hier unübersehbar. Die exotische Pracht deutet in die westliche Welt, nicht in den Orient. Fast im gleichen Atemzug wird das Hotel Kreuzungspunkt undurchsichtiger Machinationen und Transaktionen: die Uhren in den verschiedenen Etagen zeigen eine unterschiedliche Zeit an, irrwitzige und sinnlose Putzaktionen werden in Gang gesetzt, Instruktionen erteilt, ohne daß der Urheber, von dem niemand weiß, ob er überhaupt existiert, in Erscheinung treten würde. In dieser von unsichtbarer Hand regierten Welt, in der ein beständiges Klima der Angst herrscht, werden Verbote ausgesprochen und Koffer mit einem großen Patentschloß versperrt, wenn einer der Dauergäste zahlungsunfähig wird. Und die nackten Mädchen, die sich in der Hotelbar von Jetti Kupfer für die Industriellen der Stadt räkeln, dürften ehemalige Gäste sein, die alles verpfändet haben, einschließlich der Wäsche, die sie einmal am Leib trugen. Man lebt hier, um unterzugehen und zu sterben.

Mittelpunkt dieser Schreckensherrschaft ist Ignatz, scheinbar eine Randfigur, „ein lebendiges Gesetz dieses Hauses, Tod und Liftknabe". (GW, 1, 164) Seinen scharfen gelben Augen entgeht nichts, sie sind die Metapher einer leidenschaftslosen totalitären Kontrolle, der nicht zu entrinnen ist. Wenn sich der luchsäugige Liftboy am Ende als der Besitzer des Hotels entpuppt – eine Auflösung, die zwar grotesk ist, aber das Absurde, Intransparente spürbar zurücknimmt – dann hat das eine gewisse Logik für sich. Dieser Gott des Hotels gönnt auch sich selbst nichts und er schont auch keinen seiner Gäste. Überdies läßt sich Kontrolle nur dort wirksam ausüben, wo man in die Rolle des Dieners schlüpft, der um die Kleinigkeiten und Besonderheiten seiner Herren und Damen Bescheid weiß. So wird Ignatz alias Kaleguropulos zum Sklaven der eigenen Herrschaft. Herr und Knecht fallen in dieser Geschichte zusammen.

Kafkas Version der Geschichte wäre eine andere und niemals erführe der Leser, wo sich der Herr dieser Welt befindet. Was ihn mit Roth verbindet, das ist die eigentümliche Verquikkung von Sozialkritik und religiösem Bezug, von Diesseits und Jenseits. Roths Hotel bildet ebenso die Strukturen der modernen kapitalistischen Klassengesellschaft ab, es läßt sich aber immer auch in einem existentiellen Sinne, als Aussage über die Grundbefindlichkeit des Menschen in der Welt, lesen.

In den Feuilletons erschien die Szenerie des Hotels als „ein altes Kloster", Gabriel Dan, erinnern die Zimmer an „Zellen betender Mönche". Deren Bewohner wiederum sind – eben – „Kinder der Welt": ein Clown mit einem Esel, eine Varietekünstlerin, ein Magnetiseur, ein ehemaliger Souffleur eines rumänischen Theaters oder der Lotterieexperte Hirsch Fisch, der den ganzen Tag schläft, um die richtigen Lotterienummern zu träumen: „Viele Menschen sind durch Fischs Träume reich geworden und wohnen im ersten Stock des Hotel Savoy." (GW, 1, 145)

Abel Glanz hingegen spielt mit verschiedenen Währungen, mit rumänischen Lei oder mit Schweizer Franken; „es ist eine verzauberte Geschichte. Halb Künstler, halb Schnorrer, Spieler und Spekulanten sind sie allemal. Gemeinsam bilden sie eine Gegenwelt zu bürgerlichen Ordnungen außerhalb des Hotels, die im Roman durch Figuren wie Dan's Onkel Phöbus Böhlaug und dessen Familie repräsentiert wird und über die Abel Glanz einmal mit lakonischer Prägnanz meint: „... die Menschen haben kein schlechtes Herz, nur ein viel zu kleines. Es faßt nicht viel, es reicht gerade für Frau und Kind." (GW, 1, 153)

Demgegenüber verkörpern Roths Souffleure und Halbweltkünstler eine verzauberte, teilweise warmherzige Lebenswelt, in der die „Märchen" „wahr geworden" sind. Hier werden die Wunder der neuen Zeit bestaunt: die des Geldes, der Bilder auf der Leinwand, der Verkleidungen und Abenteuer. Mag bei Roth mitunter auch die Vorliebe mitschwingen, den Künstler als Narren darzustellen (womit er Jean Starobinski zufolge einer langen Traditionslinie folgt), so stellen seine Helden doch zugleich eine Form von Subjektivität dar, der es nicht auf Identität, auf einen festen Platz in der Welt, ankommt. Gefragt ist allein die Fähigkeit zur Verwandlung und Inszenierung. Daß der Mensch, Mann und Frau, seine Gestalt fast beliebig zu wechseln imstande ist, gehört zum Repertoire des Märchens. In Roths Roman tritt es im Gewand historischer Wirklichkeit auf; gleich zu Anfang konstatiert Gabriel Dan über sich: „Ich freue mich, wieder ein altes Leben abzustreifen, wie so oft in diesen Jahren." (GW, 1, 131) Und: „Ich kehre aus dreijähriger Kriegsgefangenschaft zurück, habe in einem sibirischen Lager gelebt und bin durch russische Dörfer und Städte gewandert als Arbeiter, Taglöhner, Nachtwächter, Kofferträger und Bäckergehilfe." (GW, 1, 132)

So vieles, sinniert Dan, vermag der Mensch in sich hinein zu „saugen", dennoch bleibt etwas an einem unverändert, hinter der Maske der verschiedenen sozialen Rollen, der Stil eines Menschen, Körper, Gang und Gestik, Haltung. Gerade im Abenteuer des Rollenwechsels beweist sich wahre Subjektivität: „Im Hotel Savoy konnte ich mit einem Hemd anlangen und es verlassen als der Gebieter von zwanzig Koffern – und immer noch der Gabriel Dan sein." (GW, 1, 132)

Während die moderne Rollentheorie zum Konformismus rät, zur Identifikation etwa mit der Rolle in Beruf, Gesellschaft und Familie, wird dies in den Romanen Roths rigoros verworfen. Seine Helden mißtrauen der bürgerlichen Glücksverheißung, wonach gelungenes Leben nur durch Rollenidentifikation möglich sei, dies bildet den innersten Kern von Roths durchwegs antibürgerlicher Grundhaltung. Hier wird Subjektivität gerade dort möglich, wo sich der Mensch weder theoretisch – wie der Intellektuelle – noch praktisch – wie der bürgerliche Philister – festlegt und sich vom unverrückbaren Bezug auf eine Sache vereinnahmen läßt.

Mit dieser Fähigkeit zur sozialen Metamorphose einher geht die Grundlosigkeit des Tuns vieler Figuren in Roths imaginärer Welt. Nie wird eigentlich klar, warum Gabriel Dan in diesem Hotel „an den Toren Europas" einkehrt und seine Wanderung unterbricht. Was als zeitweiliger Aufenthalt geplant war, wird zur dauernden Lebenseinrichtung. Immer wieder unternimmt Dan, angeekelt von der grauen Atmosphäre der Stadt und dem bösartigen Treiben im Hotel, den Versuch dieses zu verlassen. Der Inhalt des Romanes läßt sich als Scheitern dieser Versuche kolportieren. Einmal ist Dan schon nahe dran, aufzubrechen und auszubrechen; er bietet seinem Cousin Alexander Böhlaug, einem geschniegelten Bonvivant, sein Zimmer an und will ihm gleichzeitig die Freundin überlassen. Aber dann macht er eine Kehrtwendung, so als wäre es unstatthaft, den Lauf der Dinge beeinflussen zu wollen. Erleichtert kehrt er in sein Zimmer zurück: „Ich ging in mein Zimmer wie in eine wiedergefundene Heimat." Immerhin gelingt es Dan, sich am Bahnhof, dem Fluchtpunkt par excellence, als Arbeiter zu verdingen: „Vom Bahnhof ist es nicht mehr so weit in die Welt." (GW, 1, 173)

Aber Dan besteigt nicht den Zug wie der Ich-Erzähler in ‚April', der nach New York aufbricht, sondern bleibt an dieser Außenstelle außerhalb des Hotels. Er stößt auf seinen kroatischen Kriegskameraden Zwonimir, einen Revolutionär aus „Liebe zur Unruhe", einen Anarchisten, der keine Ideologie benötigt, um Streiks und Aufstände in Gang zu setzen. Zwonimir, diese Wunschgestalt, ist ein übermächtiger, urgesunder Haudrauf, der vor nichts Achtung kennt, nicht einmal vor dem Hotel und seinen Regeln. Dan beneidet und bewundert ihn: „Er ist ein gesunder Mensch. Ich beneide ihn. Bei uns in der Leopoldstadt (im zweiten, ‚jüdischen' Wiener Gemeindebezirk, A.d.V.) gab es keine so gesunden Kerle. Er freut sich an den Gemeinheiten. Er hat keine Achtung vor den Frauen. Er kennt keine Bücher. Er liest keine Zeitung. Er weiß nicht, was in der Welt vorgeht. Aber er ist mein treuer Freund." (GW, 1, 181)

Grundlos ist auch Zwonimirs Zerstörungsdrang, wohl aber hat die Sympathie, die ihm im Roman entgegenschlägt, Gründe, verfängliche: Recht unreflektiert wird hier ein antiintellektueller und zugleich nihilistischer Revolutionär mit kräftiger Hand und männlicher Sentimentalität wenn nicht gefeiert so doch hochstilisiert.

Zu diesem ungleichen Bruder Dans gesellt sich noch ein weiterer wichtiger Hotelbesucher, ein Kapitalist, Pendant zum proletarischen Zwonimir, die leibhaftige Erscheinung unerschöpflichen Reichtums: der Industrielle Bloomfield, der aus der schmutzigen Industriestadt stammt. Er repräsentiert den Typus von Menschen, dessen Macht duch seine Abwesenheit gesichert ist. Die Vorstellung, er könne alsbald eintreffen, bringt die Bewohner der Stadt dazu, folgsam Vorkehrungen zu treffen. Das hat er mit dem ungreifbaren Kaleguropulos gemeinsam. Beide halten die Bewohner in Atem, erzwingen deren Dableiben; jegliche Eigenbewegung der Menschen gerät darüber ins Stocken.

Eigentlich ist es überflüssig, daß der Millionär Bloomfield, der Dan, den Freund der Rebellen, zum privaten Sekretär macht, tatsächlich in die Stadt kommt. Auch hier wird also die Absurdität der Situation abgeschwächt. Aber der Kapitalist hat gar keine Geschäfte im Sinn, er wird der krisengeschüttelten Stadt nicht helfen. Was ihn einzig und allein interessiert, ist das Grab des toten Vaters: „Ich bin ein Ostjude und wir haben überall dort unsere Heimat, wo wir unsere Toten haben." (GW, 1, 209)

Es sind die Toten, die das Gefühl für Zusammengehörigkeit und Heimat aufkommen lassen. Eine seelische Gegenbewegung zur welthistorischen wird unterirdisch sichtbar. Sie führt von West nach Ost: „Er hatte Heimweh, wie ich und Zwonimir." (GW, 1, 210)

Aber damit ist keine handgreifliche Sehnsucht ausgesprochen, die zur Tat schreiten will und sich heimatliches Terrain zurückerobert, sondern eine sentimentalische Form der „großen Einsamkeit". Sie verbindet den steinreichen Neu-Amerikaner mit dem gestrandeten Kriegsheimkehrer.

Schon im Frühwerk kündigt sich eine radikale Kulturkritik an, die in ‚Hotel Savoy' ihren Niederschlag vor allem in der Schilderung der freudlosen Industriestadt gefunden hat. So wird die Industrie einmal „als die härteste Strafe Gottes" tituliert, und über die Menschen, die Bloomfield ungebeten nachgereist sind, heißt es: „Es waren laute Menschen, sie schrien und logen schreiend um das Gewissen zu übertönen. Sie waren Aufschneider und Prahlhänse, und alle kamen vom Film her und wußten viel zu erzählen von der Welt, aber sie sahen die Welt mit ihren Glotzaugen, hielten die Welt für eine geschäftliche Niederlage Gottes, und sie wollten ihm Konkurrenz machen und ebenso große Geschäfte eröffnen." (GW, 1, 210)

Die sozialrebellischen Töne schließen sich nahtlos an solche

Kulturkritik an, zu einem Zeitpunkt, als sich Roth selbst noch als ein engagierter Sozialist sieht und für linke, darunter auch offizielle sozialdemokratische Blätter schreibt. Freilich wird diese konservative Grundstimmung, die das Hotel Savoy, jenes Symbol einer nach Osten vordringenden Zivilisation, als einen Ort selbstbereiteten Unglücks erscheinen läßt, durch das prächtige Freiheitsgefühl in der Schwebe gehalten. Denn Roths Helden zieht es im Frühwerk nicht selten zur Wiege dieser ‚unseligen' Zivilisation: „Amerika".

Kurz nach der eiligen und heimlichen Flucht Bloomfields, des Gesandten aus der Neuen Welt, greifen, von Zwonimir geschürt, Unruhen um sich. Es kommt zu Streiks und zum Aufstand. Das Hotel, unentrinnbares Fatum für seine Bewohner und Sinnbild einer absurden und hassenswerten sozialen Ordnung, wird ein Opfer der Flammen. Die Aktion der unzufriedenen Heimkehrer durchbricht in ihrer anarchischen Wut die Totalitarität der Herrschaftsstrukturen, wie sie durch das Modell des Hotels beschrieben sind. Als das Hotel ein Opfer der Feuersbrunst wird, gibt sich, zum ersten und zum letzten Mal der Besitzer dieses sozialen Imperiums zu erkennen, indem eine Spur von Teilnahme in der glotzenden Charaktermaske ohne Leben sichtbar wird. „Das Hotel brennt", schreit Ignatz alias Kaleguropulos. Das verrät ihn und seine einzige Begierde. Womöglich wartet in der nächsten Stadt abermals ein Hotel auf seine Gäste.

4. Imaginäre Topographie

In einem Glückwunsch zum 50. Geburtstag seines Verlegers Gustav Kiepenheuers schreibt Roth, der „Ost-Phale“, dem „West-Phalen“ in spielerisch-ironischer Manier: „Ich habe viele Meilen zurücklegen müssen. Zwischen dem Ort, in dem ich geboren bin und den Städten, Dörfern, durch die ich in den letzten zehn Jahren komme, um in ihnen zu verweilen, und in denen ich nur verweile, um sie wieder zu verlassen, liegt mein Leben, eher nach räumlichen Maßen meßbar als nach zeitlichen. Die zurückgelegten Straßen sind meine zurückgelegten Jahre. Nirgends, in keinem Kirchenbuch und in keinem Gemeindekataster wurde der Tag meiner Geburt eingetragen, mein Name vermerkt. Ich habe keine Heimat, wenn ich von der Tatsache absehe, daß ich in mir selbst zu Hause bin und mich bei mir heimisch fühle. Wo es mir schlecht geht, dort ist mein Vaterland. Gut geht es mir nur in der Fremde. Wenn ich mich nur einmal verlasse, verliere ich mich auch.“ (B, 164 f.)

Wie so oft bei Roth so schlägt die Ironie auch in diesem Text („Ost-Phale“ – „West-Phale“) ins Pathos einer Übertreibung um, die eine metaphorisch durchaus exakte Beschreibung der eigenen Existenz nicht im faktischen wohl aber im ‚ontologischen‘ Sinn ermöglicht. Darin besteht, wenn man so will, der literarische Wert seines ‚höheren‘ Schwindels, wie er in der Behauptung anonym und namenlos zu sein, zutagetritt.

Entscheidend ist dabei die *Verschiebung der Dimensionen,* wie sie in diesem Text ganz forciert ausgesprochen wird. Deshalb kann Roth auch behaupten, daß er, obschon um gut zehn Jahre jünger, viel älter sei als sein Verleger.

Die Potenzierung der eigenen Lebensjahre resultiert eben aus der Erfahrung des Abstandes, des Weges, der von der Peripherie ins Zentrum der modernen Welt zurückzulegen war.

Unübersehbar ist die Dominanz des Räumlichen im literarischen Werk selbst; insofern kennzeichnet die stilisierte Selbstdarstellung gegenüber Kiepenheuer (bei der der Adressat beinahe zum Vorwand zusammenschmilzt) den eigenen Ort des Schreibens ganz zutreffend. In Roths Romanen und Erzählungen tut sich eine imaginäre Geographie auf, die fast überall – merkwürdig stereotyp – ihre Gültigkeit behält. Die Ortsangaben sind gleichsam metaphorische Wegmarken, die anzeigen, wo sich die Rothschen Helden gerade innerlich wie äußerlich befinden, wohin es sie zieht und treibt. Das zeitliche Nacheinander tritt zugunsten räumlicher Bewegungen zurück. Zugleich charakterisieren aber die verschiedenen Orte auch die dort befindlichen Menschen. Daraus erklärt sich auch, warum verschiedene sinnfällige Figuren immer wieder auftauchen, so der Allerweltmann und Ungar Lakatos aus Budapest oder der undurchsichtige Schmuggler Kapturak, der illegale Herrscher des Grenzgebietes zwischen Rußland und der Habsburger Monarchie.

Wenn Orte wie New York, Berlin oder Sibirien hier als imaginär bezeichnet werden, dann vor allem deshalb, weil sich dadurch der metaphorische Bedeutungsüberschuß bezeichnen läßt: ein beinahe mythischer Charakter haftet ihnen an, der es verbietet, Roths topographische Punkte mit den gleichnamigen Orten der ‚Wirklichkeit' gleichzusetzen. Deshalb geht auch ein Vorwurf, Roth habe beispielsweise New York in ‚Hiob' oder in ‚Tarabas' unrealistisch dargestellt, an der Sache vorbei. Viel eher wäre zu fragen, ob es ästhetisch statthaft ist, die moderne Welt mitsamt ihren Zentren und Kreuzungspunkten in einer derart unbekümmerten Weise – Roth hat New York nicht gekannt – zu mythisieren. Aber indem Roth Städte und Landschaften romantisch überhöht darstellt, gelingen ihm Ansichten einer inneren, seelischen Ortsbeschreibung, die so etwas wie einer globalen Anischt seiner Epoche wird.

An der tristen Industriestadt in ‚Hotel Savoy', dieser „gottverdammten Stadt" im Osten, (GW, 1, 185) wollen viele Interpreten Lodz erkennen. Dieses neuzeitliche Sodom und Gomorra scheint in Roths poetischer Welt zunächst allein dazustehen, weist aber doch auffällige Gemeinsamkeiten mit jenen *Grenzstädten im Osten* auf, die unter wechselndem Namen in nicht wenigen Werken als Schwellen zwischen zwei disparaten Welten handlungsbestimmend sind, so etwa mit der Grenzstadt B., in der Carl Joseph von Trotta kurz vor dem ersten Weltkrieg seine Zeit buchstäblich totschlägt (‚Radetzkymarsch') oder mit jener am östlichen Zipfel des Kaiserreiches gelegenen (fiktiven) Bezirksstadt Zlotograd, in der den Eichmeister Eibenschütz das Schicksal ereilt (‚Das falsche Gewicht'). Auch Franz Trotta im späten Roman ‚Die Kapuzinergruft', ein epischer Nachfahre Franz Tundas und Carl Joseph von Trotta (aus ‚Die Flucht ohne Ende' bzw. ‚Radetzkymarsch') zieht es wie magnetisch in die unwirkliche Grenzstadt, die fast stets nur ein einziges Hotel, ein Café, dafür aber eine zwielichtige Jagdschenke beherbergt. Im Fragment ‚Erdbeeren' heißt dieser Ort nur mehr „die Stadt im Osten Europas" und in dem stofflich verwandten, unvollendeten Roman ‚Perlefter' wird dieser Grenzort zwischen zwei Welten so beschrieben: „Die Stadt, in der ich geboren bin, war nach westeuropäischen Begriffen keine Stadt." (P, 3)

Insofern ist die Grenzstadt in ‚Hotel Savoy', obschon größer und industriell unwirtschaftlicher als etwa die eher verschlafenen Garnisonsstädte in den späteren Romanen, eine Variante ein und desselben Ortes. Wie der Philosoph Kurt Hübner in seiner umfassenden Untersuchung über ‚Die Wahrheit des Mythos' gezeigt hat, kennzeichnet es das mythische Denken, daß ein Ort (ein heiliger) an mehreren Stellen vorkommt. Roths Grenzorte, Stätten des Unheils, existieren gleichfalls in mehrfacher Gestalt und es ist ihre geheimnisvolle Kraft, die auf die Menschen – zumeist – verderblich wirkt. Der Abstand zum Zentrum (und damit zur modernen aufgeklärten Sachlichkeit) macht diese Stadt der extremen Randlage, diesen entferntesten Punkt des Reiches zum magisch-mythischen Ort mit namenlosen Menschen, zur Heimat von „Hochstaplern" und Menschen, die von „Wundern ... leben" (‚Erdbeeren'). Hier herrscht noch – neben dem feudalen Regiment eines Habsburg-treuen, polnischen Magnaten (der einmal Morstin, das andere Mal Chojnicki heißt) – die Natur: in

Gestalt von unermeßlichen Sümpfen, weiten Ebenen und undurchdringlichen Wäldern.

Dieser grausam-kalte und zugleich wilde irrationale Ort, ist bislang vom Räderwerk westlicher Zivilisation lediglich gestreift worden. Als eine „giftige Gegend" erlebt der Eichmeister Eibenschütz die Stadt der östlichsten Provinz mitsamt ihrer Umgebung. Dort in der Stadt des fernen Kronlandes mit ihrer vielfältigen, gemischten Bevölkerung wird anderes gewogen und gezählt. Bis hierher konnte die moderne, abstrakte Staatlichkeit nicht gelangen: so ist der Untergang des Eichmeisters, des Statthalters moderner, westlicher Zivilisation, von vornherein besiegelt. In dieser Stadt bleibt die Macht des Kaisers auf die Präsenz seines Bildes und seiner Embleme beschränkt, die indes durchaus prägende Kraft zu entfalten vermögen. Der Konflikt setzt dort ein, wo die Eigenweltlichkeit der Grenzprovinz bedroht ist. Weil Eibenschütz dieses seltsame Gleichgewicht zwischen allgemeiner, symbolischer Repräsentanz und den eigenen Gesetzen der Stadt durch seinen reformischen Eifer mißachtet, gerät er in Gegensatz zu ihren heimlichen wie zwielichtigen Machthabern: dem Schieber und Fluchthelfer Kapturak, dem Schankwirt Jadlowker. Nicht so sehr die Liebe zu der Zigeunerin als vielmehr sein zivilisatorischer Ehrgeiz stürzen Eibenschütz am Ende ins Verderben. „Ich bin eine Art Hochstapler", stellt sich der Ich-Erzähler Naphtali Kroj, der Droschkenkutscher der Stadt (er wandert nach Südamerika aus) im Prosafragment ‚Erdbeeren' vor und begründet das so: „So nennt man in Europa die Menschen, die sich für etwas ausgeben, als sie sind. Alle Westeuropäer tun dasselbe. Aber sie sind keine Hochstapler, weil sie Papiere haben, Pässe, Ausweise und Taufscheine. Manche haben sogar Stammbäume. Man kann also sagen: Napthali Kroj ist ein Hochstapler." (GW, 3, 193f.)

Die Stadt im Osten stellt sich als prähistorischer Ort dar, an dem nichts verbindlich gemessen und fixiert ist, ein scheinbar geschichtsloser Schauplatz menschlicher Existenz, der freilich in Bewegung geraten ist: während es die „Hochstapler" in den verheißungsvollen Westen, nach Amerika, zieht, kommen aus dieser Himmelsrichtung die „Eichmeister“, die der Provinz im Osten ordentliche Maße verordnen möchten. Hier entstehen auch die überdimensionierten Hotels (das Motiv taucht mehrmals auf: in ‚Hotel Savoy‘, in ‚Radetzkymarsch‘ und in ‚Perlefter‘), die einen signifikanten Fremdkörper in jener Stadt bilden, die nach westeuropäischem Maßstab keine ist, moderne Enklaven, schäbige Kopien westlichen Luxus, Zwischenstationen auf der großen Reise von Ost nach West.

In diesen Städten findet nicht nur deren eigener Untergang, sondern auch der des alten Reiches statt. So vollzieht sich das unaufhaltsame Ende der Monarchie, das mit dem persönlichen Schicksal des leichtsinnigen und schwachen Leutnants Trotta korreliert, in jener grenznahen Garnisonsstadt, in die es den Erben des „Helden von Solferino“ auf Grund unüberlegter Liebschaften, eines Duells und enormer Spielschulden verschlagen hat. Wie schon im ‚Falschen Gewicht‘ bringt diese ‚Reise‘ in den Osten Tod und Verderben. Hier, in der Grenz- und Garnisonsstadt wird im Kreise der betrunkenen Offiziere der verschiedenen Nationalitäten des alten Österreich der Untergang des Kaiserreiches vorweggenommen: „Man sah keine Bären und keine Wölfe an der Grenze! Man sah nur den Untergang der Welt.“ (GW, 2, 163)

Der Schmuggler Kapturak gleicht dabei einem Geier, der schon auf den Leichnam wartet, auf einen Untergang in zweierlei Gestalt: Zusammenbruch des alten universalen Reiches und Auswanderung der anonymen, geschichtslosen „Hochstapler“ in die Welt der Geschichte, in die Welt des Westens.

Nicht zu übersehen ist in Roths Werk, daß es viele seiner Helden, sozusagen gegen den zivilisatorischen Strom von Ost nach West gerade dorthin zieht, woher die Auswanderer nach Amerika kommen. Einige dieser Helden – der Stationschef Fallmerayer, der Revolutionär Kargan oder Franz Trotta – blicken wie gebannt in den Osten, sei es aus Sehnsucht nach dem Fremden, sei es aus dem Wunsch nach Heimkehr. Über die schiere Sentimentalität hinaus gewinnt diese Gegenbewegung von West nach Ost entscheidende Bedeutung: sie ist zum einen Flucht vor einer Zivilisation, die weniger als verheißungsvoll denn als zerstörerisch erfahren wird, Flucht vor und aus der Geschichte also, und sie ist zum zweiten eine Bewegung, die die Erinnerung vollzieht; dies gilt für den Millionär Bloomfield ebenso wie für den frommen Ostjuden Mendel Singer (‚Hiob').

Von der Grenzstadt zu unterscheiden ist das *flache ukrainische* Land, die Heimat von Nikolaus Brandeis (‚Rechts und links'), von Piczenik, dem Korallenhändler (‚Leviathan'), von Golybtschik (‚Beichte eines Mörders, erzählt in einer Nacht') wie auch des ‚Hiob' Mendel Singer. Dort fehlen zumeist die Hotels, die Kaffeehäuser, die Soldaten und der habsburgische Doppeladler. Ganz unmerklich befinden wir uns in einem Rußland, das ebenso märchenhaft verfremdet ist wie drüben, jenseits der Grenze, das Habsburger Reich. In seiner imaginären Topographie nimmt Roth also, wenn auch nicht immer konsequent, eine gewisse Abstufung vor: hier das russische Dorf, die Welt von Bauern und Märchenfürsten, dort die vorurbane Stadt, der Außenposten des Westens im Osten. Von Pogrody, dem Bauernmarkt des Korallenhändlers Piczenik, und von Woroniaki, dem Geburtsort Golubtschiks, führt die Straße der Sehnsucht nach Odessa (gelegentlich auch nach Baku oder Triest), der *Stadt des Meeres,* des Abenteuers, nach dem Tor zur Welt, zu den Schiffen, die wie väterliche Häuser auf ihre Matrosen warten und die Piczenik über den Ozean tragen sollen: nach New York, nach Amerika, ins verheißene Land. Mit diesem Ziel setzen sich diese Menschen in Bewegung und geraten in den Sog einer Geschichte, die sie bislang nicht kannten. Anders als der Cheder-Lehrer Mendel Singer kommt Piczenik dort niemals an, geht doch das Schiff, das ihn dorthin bringen soll, mit all seinen zweihundert Passagieren, darunter auch Piczenik, unter. Der Korallenhändler aus dem Osten ist, so deutet es der Erzähler zu den „Korallen heimgekehrt", „auf den Grund des Ozeans, wo der gewaltige Leviathan sich ringelt". Dort, und nicht in New York war Piczeniks eigentliche Heimat, und so schließt die Erzählung mit dem frommen Wunsch: „Möge er dort in Frieden ruhen neben dem Leviathan bis zur Ankunft des Messias." (GW, 3, 287)

Diese Erzählung, die noch einmal den mythischen Charakter des Raumes veranschaulicht, liest sich wie ein Lehrstück der in das russisch-ukrainische Dorf einbrechenden modernen Zeit, die aus der Sicht eines magisch bestimmten Denkens wiederum als Ausbund wunderbaren Zaubers erscheinen muß. Zunächst dominiert traditioneller Wunderglaube: die roten, neptunischen Haare des jüdischen Händlers stehen in unerklärlichem, aber gleichwohl zwingenden Zusammenhang mit der Farbe der Korallen, dieser „edelsten Pflanzen der ozeanischen Unterwelt". Gelten die roten Haare in der ostjüdischen Überlieferung ohnehin schon als Indiz für außergewöhnliche Fähigkeiten eines Menschen, so wird dies noch dadurch gesteigert, daß sie vermittels des Interesses für die geheimnisvollen Korallen mit Piczeniks Reisesehnsucht gebracht werden. Die Ausfahrt über den Ozean erfährt so eine mythologische Deutung: Nissen Piczenik, geboren und aufgewachsen mitten im tiefsten Kontinent, sehnt sich nach dem Meere." (GW, 3, 262)

Magische Kraft besitzen in der Erzählung (wenigstens für deren Hauptperson) auch die Korallen, diese „Rosen für die launischen Göttinnen der Meere, so reich an Formen und Farbe, wie die Launen der Göttinnen selbst." (GW, 3, 259) Im mythischen Denken des ostjüdischen Händlers stellen sie lebendige Tiere dar, die unter der Obhut des Urfisches Leviathan stehen, des Herrn über das Chaos; ihre volle Pracht entfalten sie erst an der Halsschlagader einer schönen Frau; wenigstens glauben das der Händler wie seine Kunden, die ukrainischen Bäuerinnen.

Lange Zeit haben der Korallenhändler und seine naive wie psychologisch hintergründige Geschichte Erfolg, bis eines Tages der Ungar Lakatos, der in Roths poetischem Panoptikum als Vollstrecker gegenwärtigen Unheils agiert, in der Gegend eintrifft und im benachbarten Städtchen ein Geschäft mit künstlichen Korallen aufmacht. Dadurch wird Piczenik in mehrfacher Hinsicht ruiniert, zunächst natürlich wirtschaftlich profan, weil die künstlichen Korallen sehr viel billiger sind als seine echten, sodann aber auch in seiner persönlichen und religiösen Existenz. Denn zugrunde geht auch, so scheint es wenigstens, Nissens Geschichte. Eine Entzauberung der Welt hat stattgefunden und vollstreckt worden ist sie an einem einfachen jüdischen Korallenhändler. Das Falsche sieht dem Echten zum Verwechseln ähnlich. Diese Diagnose (Fälschung und Verwechslung) bildet den Grundstock der Rothschen Kritik an der modernen Zivilisation, ob es sich nun um nachgebildete Korallen oder um die Bilder aus Zelluloid handelt.

Magischem Kalkül unterliegt aber nichtsdestotrotz auch der weitere Handlungsablauf: zum einen erscheint Lakatos, der Repräsentant einer glitzernd-falschen, seelenlosen Welt, wie einer jener Dämonen, die der Aberglaube der ukrainischen Bauern stets mit Hilfe der Korallen auszutreiben suchte, zum anderen aber folgt die Abreise des Korallenhändlers einem mythischen Impetus. Die Erzählung nimmt die Metapher des „Zu-Grunde-Gehens" wörtlich: die Wahrheit seiner – Piczenik's – Geschichte läßt sich nur durch die Rückkehr zum Ursprung erweisen. Nissen rettet sich und seine Geschichte, indem und obgleich er „zu Grunde geht".

In dem ukrainischen Dorf hingegen, so steht zu vermuten, regiert fortan der böse Geist Lakatos', der Geist von Kapitalismus, Industrie und Geld, den Roth stets – Quelle seines ‚Sozialismus' – verabscheut hatte. Der Arm der Zivilisation hat eine Region erreicht, die bislang außerhalb ihrer Reichweite gelegen hatte. Das sentimentale Mitleid, das die Erzählung durchzieht, zeigt an, daß die Eingemeindung dieser bislang abgeschlossenen Welt in jene von Fortschritt und Säkularisation in vollem, unaufhaltsamen Gange ist. So lautet Roths generelle Diagnose für die ostjüdische Welt, lange bevor die Nationalsozialisten ihr schauerliches Vernichtungswerk in die Tat umgesetzt haben. Aber dieser Einbruch der Geschichte in einen als vorgeschichtlich empfundenen Raum setzt – entgegen aller Entzauberungsabsicht – Magie und Mythos nicht außer Kraft. Er setzt messianische Hoffnungen frei; zudem wird sichtbar, daß die dramatischen Geschehnisse in der modernen Welt selbst Elemente des Wunderbaren beherbergen.

Ihr Brennpunkt ist *New York,* die *Hauptstadt der entzauber-*

ten und zugleich wunderbaren Welt. In auffälligem Gegensatz zu Roths vehementer Kulturkritik erscheint dieses Amerika nicht selten, so etwa noch im Roman ‚Tarabas' als herrliches Land, als eine Oase für „Hochstapler" und Weltflüchtige, die sich vom Osten zum Mittelpunkt des Geschehens hinbewegen.

Das Bild, das der Roman ‚Hiob' von New York entwirft, ist zwiespältig. Die Amerika-Euphorie, die in einigen frühen Werken vorherrscht (etwa in der Erzählung ‚April' oder auch in ‚Hotel Savoy'), wird hier zurückgenommen, doch verspricht auch in ‚Hiob' New York, das Zentrum Amerikas, ungeahnten Reichtum und Freizügigkeit. „Es war ..., als wäre Amerika über sie gekommen, über sie hergefallen" (GW, 1, 911), heißt es an einer Stelle im Hinblick auf Mendel Singer und seine Frau. Auch in der „neuen" Welt behalten die Plätze ihre Macht über die Menschen. Einige Wochen später stellt der ehemalige Dorflehrer aus dem europäischen Osten fest, daß er in New York zu Hause ist, in dieser „lauten, bunten, vielfältigen Stadt", im neuen Jerusalem an den Ufern des Atlantiks, in der Stadt, die einen mit der Freiheitsstatue begrüßt. Mendels Hochgefühl hält nicht vor: zermürbt von den schweren Schicksalsschlägen, die er als kausale Folge der Auswanderung interpretiert, zieht er sich zurück, in ein Ghetto, das dem der Heimat nicht gänzlich unähnlich ist.

Der Schluß ist Märchen, Legende: der verloren geglaubte, zurückgelassene, weil behinderte Sohn Menuchim (er verkörpert sozusagen den unabgegoltenen Teil von Singers alter, beschädigter Identität) kommt als erfolgreicher Musiker nach Amerika, das einzige Kind, dem Erfolg beschieden war. Das Glück kehrt zu Hiob zurück in einem Moment, als alles schon verloren schien und Mendel Singer nur mehr ein ausgemergeltes, einsames Leben in der großen Stadt New York führte, verlassen und ohne eigenes Haus, von mitleidigen Nachbarn geduldet. Zu diesem Zeitpunkt erscheint dies als der Preis und die Strafe dafür, seine Heimat und seinen kranken Sohn verlassen zu haben.

Nach dem unerwarteten Wiedersehen mit dem Sohn wendet sich das Blatt; damit verschiebt sich auch die geographische Orientierung: die Rückkehr nach Europa rückt näher. Vielleicht wird dort auch Miriam, die in Amerika wahnsinnig gewordene, männersüchtige Tochter „wieder gesund“. New York erscheint am Ende als ein überstandenes Abenteuer: „Mendel schlief ein. Und er ruhte aus von der Schwere des Glücks und der Größe der Wunder.“ (GW, 1, 980)

Blasser als New York sind die großen europäischen Metropolen geschildert: Paris, Wien, Berlin, moderne Epizentren in der Rothschen Topologie. Hatte Roth gegenüber seinem Freund Benno Reifenberg *Paris* emphatisch als *„die Hauptstadt der europäischen Welt“*, als neue Heimat gefeiert, so konfiguriert sie bereits in ‚Die Flucht ohne Ende‘ als Schauplatz eines wenn auch stilvollen Unterganges, während es in den Prosawerken der Exilzeit – man denke nur an die russische Emigrantenkneipe ‚Tari Bari‘ – vollends als ein historischer exterritorialer Ort angesehen wird, als Inbegriff vollständiger Heimatlosigkeit. Darin und in den Gesichtszügen der Frauen, denen die Erinnerung an die Nacht noch anzumerken sei, liegt für Roth nach anfänglich überschwänglicher Begeisterung für die Lebensfreude und die weichen Konturen der Stadt, in den späteren Jahren Reiz und Bedeutung von Paris.

Beinahe noch konturloser wirkt demgegenüber *Wien, die Residenzstadt des Kaisers;* ihre Bedeutung für Roth wächst erst im Spätwerk und dem damit verbundenen Interesse für die untergegangene Monarchie. In den Romanen und Entwürfen der zwanziger Jahre (‚Perlefter‘, ‚Der stumme Prophet‘, ‚Zipper und sein Vater‘) tritt es als Ort bürgerlicher Geschäftigkeit vor unsere Augen, eine Stadt, der das neusachliche Berlin allmählich den Rang abläuft. Erst mit ‚Radetzkymarsch‘ kündigt sich eine Wende an, die zuvor in Briefen und Feuilletons vorweggenommen wurde: Wien ist hier Stadt eines universalen Kaisertums, kosmopolitischer Treffpunkt seiner polyglotten Bewohner aus allen Himmelsrichtungen des Reiches. In ‚Die Kapuzinergruft‘ schrumpft Wien dann auf die kaiserliche Grabstätte zusammen, zu einem Wallfahrtsort der casa di austria.

Roths Vorliebe gehört den *kleinen slawischen Provinzstädten.* So verbringt Hauptmann Trotta, der in der Schlacht von Solferino dem Kaiser das Leben rettete, fast sein gesamtes Leben abseits der Residenz in einem böhmischen Garnisonsstädtchen. Sein Sohn führt später ein gleichförmiges und monotones Leben als Bezirkshauptmann einer mährischen Landstadt; der Kaffeehaus-Besuch, das Schachspiel mit Doktor Skrowonnek, die Besuche im Amt, die Musikkapelle Nechwals, die allsonntaglich unter anderem auch den Radetzkymarsch spielt, die regelmäßig mit Fräulein Hirschwitz, einer blutarmen, preußischen Jungfer eingenommenen Mahlzeiten, all das bündelt sich zu einem System von Ritualen innerhalb einer spezifischen Lokalität, der der Bezirkshauptmann als oberster Verwalter voransteht, – ein Leben, wie von einer Uhr aufgezogen: „Er war ein Spartaner. Aber er war ein Österreicher." (GW, 2, 34)

Roths Präferenz für die Peripherie des Reiches spiegelt sich auch in seinen beiden österreichischen ‚Staats'romanen wider, in ‚Radetzkymarsch' und in ‚Die Kapuzinergruft'. Denn auch der Stammsitz der Trottas liegt im slawischen Bereich: Ist er in ‚Radetzkymarsch' noch in Slowenien angesiedelt, so wird er – en passant – in ‚Das falsche Gewicht' nach Bosnien verlegt. Allein hieran ist schon ersichtlich, daß es Roth mit der realen Geographie so ernst nicht nimmt. Der Grund für Roths Affinität zur slawischen Provinz läßt sich unschwer erraten; dies kommt dem eigenen Ursprung entgegen; zudem aber sind diese peripheren Orte des Geschehens mitsamt ihren Bahnhöfen und Kaffeehäusern Miniaturen und Spiegelbilder der Residenz. In der imaginären Topographie Roths sind sie die eigentlichen, wenn auch oft unterschätzten Kraftzentren einer vom Einsturz bedrohten Monarchie.

Lange schon vor der Emigration ist *Deutschland* für Roth eine Art *Niemandsland*, ein Territorium voller Enttäuschung und Langeweile, das in einer überaus banalen Weise fremd bleibt. Nikolai Brandeis, die anarchisch-undurchschaubare Hauptfigur in Roths frühem Roman ‚Rechts und links' drückt diese Einstellung unmißverständlich aus: „Obwohl seine Mutter aus einem evangelischen Pfarrhause zu seinem jüdischen Vater gekommen war und in das Haus ihres Mannes eine deutsche Bibel, eine Mandoline und ein Abonnement auf eine Familienzeitschrift gebracht hatte, fühlte sich Nikolai Brandeis in Deutschland nicht heimisch. Ja, ihm war, als ob die kleine deutsche Kolonie in der Ukraine mehr Deutschland gewesen wäre als dieses Land, aus dem die ewigen Auswanderer das Heimatliche wegtragen, die ewigen Einwanderer das Fremde mitzubringen schienen ... Hier, wo die Gesichter der Menschen keine bestimmte Rasse (!) verrieten – Brandeis nannte sie Asphalt-Slawen (!) – war er ein Fremder. Nur die zaghaften Vorfrühlingstage erinnerten an die schüchterne und sparsame Güte seiner Heimat." (GW, 1, 604)

Diese ressentimentgeladenen Ausbrüche mögen angesichts der Tatsache überraschen, daß Roth eine Fülle von Essays und Feuilletons über Deutschland (und insbesondere über Berlin) geschrieben hat, die von einer leidenschaftlichen Anteilnahme am politischen Geschehen des Landes zeugen. Aber womöglich verdankt sich die Qualität dieser journalistisch-essayistischen Arbeiten gerade einer Perspektive, in der äußerste Distanz und Leidenschaft, kritischer Patriotismus und Gleichmut des Auslandskorrespondenten zusammentreffen. Wie sein epischer Stellvertreter Brandeis konnte auch Joseph Roth (und andere deutschsprachigen Osteuropäer) seinen deutschen Heimatzipfel im Stammland nicht wiederfinden. Joseph Roths Werk beschreibt diesen Eindruck ex negativo: er hat Deutschland in Deutschland nicht wiederzuentdecken vermocht. All das hat dazu geführt, daß Roth, lange vor der (Selbst-) Auflösung der ersten Republik auf deutschem Boden, ein dezidiertes Altösterreichertum entwickelte.

Berlin, das ist für den heimatlosen Ost-Österreicher Roth eine *unwirtliche Stadt,* amerikanisch drapiert, von schlauen Filmleuten bevölkert, ein Ort, in dem nichts heimisch werden kann. Dafür steht auch die böse und hinterhältige Bezeichnung „Asphalt-Slawen", die unangenehme Assoziationen an die Goebbelsche Formel der deutschen „Asphaltliteratur" wachruft. Berlin, das ist in Roth's Erstlingswerk ‚Das Spinnennetz' ein Schauplatz schlimmer Intrigen und politischer Machenschaften, der Ort ökonomischer und geistiger Inflation, kalt, ungemütlich und falsch. Die Abneigung gegen Berlin und das preußische Deutschland ist ein durchgängiges Motiv in Roths Werk. In ,Zipper und sein Vater' wird die angehende Erfolgsschauspielerin Erna Zipper und ihre Umgebung mit hämischem Blick geschildert: „Sie wohnte außerhalb der Stadt, im Westen natürlich, der vornehmen Himmelsgegend, dort, wo eine Kolonie gutbezahlter Künstler den Bankdirektoren nahe war, den Politikern, den Industriellen. Sie wohnte mit drei Freundinnen, zwei Windhunden, die damals sehr modern waren, an Potsdam erinnerten und mit ihrer zerbrechlichen, dummen Grazie Eindruck machten, einem Gärtner und einem Chauffeur in einer Villa – selbstverständlich in einer Villa. Die Buddhas begannen schon in der Halle und setzten sich bis ins Schlafzimmer fort. Eine ihrer Freundinnen war Morphinistin – des guten Tons halber – und besaß ein Grammophon, das sie in den Schlummer sang." (GW, 1, 499)

Von einer Bewunderung der teutonischen Nüchternheit und leidenschaftlichen Sachlichkeit, die etwa Robert Musil den Österreichern als Arznei verordnen wollte und die Elias Canetti wegen ihrer ungeschminkten materialistischen Gesinnung bei allem Schrecken immerhin faszinierte, ist bei Roth nichts zu spüren. Ein neureich durch Krieg und Inflation geschlittertes Land wird hier gezeigt, ohne Eigenart, ohne echten Kristallisationspunkt, in dem Fremdes und Heimisches nicht ins Lot kommen.

Ein negatives Bild Deutschlands zeichnet Roth auch im zweiten Teil seines ersten erfolreicheren Romanes ,Die Flucht ohne Ende'; hier ist es nicht Berlin, sondern eine größere, namentlich nicht genannte Stadt am Rhein, Mittelding zwischen Düsseldorf und Köln. Dort lebt der Bruder des Romanprotagonisten, der es zum Kapellmeister und allseits angesehenen Bürger gebracht hat. Es ist die Geschichte zweier wenn nicht feindlicher so doch einander fremder Brüder, einer inneren wie äußeren Abstoßung und Abspaltung. Die lokalen Gegebenheiten muten den aus Krieg und Revolution heimgekehrten

K. u. K. Offizier so fremd an wie der ‚falsche' Bruder: ordentlich, aseptisch, bürgerlich angestrengt, gefühlsarm, zuverlässig und verlogen in der Ausstaffierung. „Das ist ja ein Maskenfest und keine Wirklichkeit!" konstatiert Franz Tunda amüsiert und entrüstet, wo man ‚Ein rheinisches Mädchen' singt, „wenn man besoffen ist und Charleston tanzt, wenn man nüchtern ist." (GW, 1, 172)

Vordergründig läßt sich nur schwer begreifen, warum einem Autor wie Roth, der doch ansonsten Hochstaplern und Verwandlungskünstlern so zugetan war, diesem Abenteuer und Experimentierfeld, das Deutschland, ungeachtet seiner schwerwiegenden sozialen und politischen Probleme darstellte, nur wenig abzugewinnen wußte; vermutlich deshalb, weil diesen Akteuren die traurige und sentimentale Spiellaune abging, die er an seinen osteuropäischen Landsleuten so offenkundig schätzte. Was sich in den literarischen wie essayistischen Texten Roths über Deutschland herauskristallisiert, ist die kulturelle Differenz.

Die Prätensionen dieser „rauschfreien" Menschen, dieser „unwiderstehlichen Bezwinger des Schicksals" empören den Altösterreicher, dessen Humanität ein gewisses Maß an Fatalismus und damit verbunden das Festhalten an bestimmten Traditionen mit einschließt.

Das Deutschland der zwanziger Jahre ist in Roths Augen die Kostümierung der inneren Leere. Zu ihr gehört, gefährlicher als Buddha und Morphium, die ideologische Vermummung. Joseph Roth hat diese Gefahr erstaunlich früh gesehen. Deshalb gehört seine Darstellung der deutschen Misere, ungeachtet so manchen Pauschalurteils, zu den hellsichtigsten seiner Zeit, hat Roth doch schon Anfang der zwanziger Jahre jenen trüben Bodensatz gesehen, aus dem der Nationalsozialismus erwachsen sollte. Die enttäuschte Liebe dessen, der als Schüler im Widerspruch zur Mehrzahl seiner polnischen Mitschüler sich zum Deutschtum bekannt hatte, das er als ferne Heimat verstanden und später nicht gefunden hatte, tut der diagnostischen Klarsicht des Schriftstellers und Journalisten Roth keinerlei Abbruch.

Die Grenzstadt im Osten, die mährische Bezirkshauptstadt, das flache ukrainische Land, New York, die neue Hauptstadt der Welt sowie die europäischen Metropolen Paris, Berlin und Wien sind als Bezugs- und Kreuzungspunkte wirksam, in denen sich Leben schicksalhaft erfüllt, tragisch, komisch und fast stets märchenhaft. Sie üben Macht auf die Menschen aus, setzen die in Bewegung, die sich in ihrem Bannkreis bewegen.

Außer diesen Orten gibt es in Roths literarischem Universum eine ‚Utopie', einen Nicht-Ort im engen Sinn des altgriechischen Wortes, einen Platz des *absoluten Stillstandes, Rand der Welt,* einen Punkt, an dem Geschichte und Zeit aufgehoben sind. Dieser Ort liegt bei Roth in *Sibirien,* unwegsam, abgelegen, dem menschlichen Leben trotzend. Dort an diesem Ort der langen Dämmerungen haust zusammen mit der Hure Jekaterina der „sibirische Pole (!)" Jan Baranovicz, ein zufriedener Sonderling umgeben von Waldläufern, Bärenjägern und versprengten Händlern: „Der Pole zählte seine Worte wie Perlen, ein schwarzer Bart verpflichtete ihn zur Schweigsamkeit. Vor dreißig Jahren war er, ein Strafgefangener, nach Sibirien gekommen. Später blieb er freiwillig. Er wurde Mitarbeiter einer wissenschaftlichen Expedition zur Erforschung der Taiga, wanderte fünf Jahre duch die Wälder, heiratete dann eine Chinesin, ging zum Buddhismus über, blieb in einem chinesischen Dorf als Arzt und Kräuterkenner, bekam zwei Kinder, verlor beide und die Frau durch die Pest, ging wieder in die Wälder, lebte von Jagd und Pelzhandel, lernte die Spuren der Tiger im dichtesten Gras erkennen, die Vorzeichen des Sturms an dem furchtsamen Flug der Vögel, wußte Hagel- von Schnee- und Schnee- von Regenwolken zu unterscheiden, kannte die Gebräuche der Waldgänger, der Räuber und der harmlosen Wanderer, liebte seine zwei Hunde wie Brüder und verehrte die Schlangen und die Tiger." (GW, 1, 319)

Es ist das einzige Idyll, das sich dieser romantische Poet in unromantischer Zeit geleistet hat, und welch ein absonderliches! Daß das Leben eines ehemaligen sibirischen Sträflings sich vergleichsweise als gelungen ausnimmt, ist nicht bloß eine provokante Absage an die westliche, naturferne Zivilisation;

darüber hinaus spricht aus dieser aussichtslosen Utopie ein gründlicher Pessimismus gegenüber der geschichtlich gewordenen Welt: Nicht der Kapellmeister, sondern dieser animistisch-buddhistische Naturmensch ist der wahre Bruder Franz Tundas. Dieser nimmt zuweilen dessen Namen an und schickt ihm seine kaukasische Frau Alja sozusagen zur getreuen Aufbewahrung. Alja wiederum stellt in ihrer weiblichen Abgeschiedenheit so etwas wie das weibliche Gegenstück zu Baranovicz und zum ‚sibirischen' Leben dar. Auch sie vermeidet jedes überflüssige Wort, weil ihr Lebensgesetz stumme Selbstverständlichkeit und schlichtes Einverständnis ist: „Alja empfing ihn (Tunda, A.d.V.) wie ein stilles Zimmer. Abgeschlossen von jeder Lust, sich anzustrengen, zu kämpfen, sich zu ereifern oder auch nur sich zu ärgern, lebte er auf einem abseitigen Weg. Er brauchte nicht einmal verliebt zu sein. Auch die kleine häusliche Strategie blieb ihm erspart. Alja half ihrem Onkel, dem Töpfer, bei Tag. Wenn der Abend anbrach, schlief sie bei ihrem Mann. Es gibt kein gesünderes Leben." (GW, 1, 341)

Sibirien beherbergt männliche Träume der Einsamkeit, die Mann und Frau im Zustand des Geheimnisses beläßt und Ungebundenheit ermöglicht. Diese Einsamkeit, wie sie in der Metapher Sibirien sich äußert, kennzeichnet auch den Ort des modernen Dichters: die freiwillige und zugleich erzwungene Abwendung von einer Welt, die ihm wenig zu bieten hat: Daß der Dichter in der Moderne zum säkularen Mönch geworden ist, hat Joseph Roth räumlich gestaltet und in seiner imaginären Topographie zum Ausdruck gebracht.

Sehnsucht nach Atavismen in zivilisatorischer Zeit: Gesundheit, Stärke, Verschwiegenheit, Naturwüchsigkeit, Rückkehr an einen Punkt der Vorgeschichte. Drei Helden, Vexierbilder ein und desselben Autors, gelangen an den kalten, eisgrauen Ort, in dessen Innerem eine wohlig-gleichmütige Wärme herrscht: Friedrich Kargan, Franz Tunda, Franz Trotta. Während dieser Trotta in ‚Die Kapuzinergruft' den stillen Ort der Einkehr wegen seiner lärmend-gutmütigen Kameraden verlassen muß, gehört Tunda zu jenen enttäuschten Menschen, die ihr „Heimweh nach Einsamkeit" unterdrücken und „mutig in der geräuschvollen Leere der Gegenwart" ausharren. Tunda entschließt sich am Ende des Romanes ‚Die Flucht ohne Ende', nicht zu seiner Frau, zu seinem „Bruder" Baranovicz und zu den Tieren zurückzukehren. Sibirien liegt überall, vor allem in seinem Inneren.

Der traurige verstoßene und verbannte Revolutionär Kargan harrt zunächst zusammen mit seinem Freund Berzejew in der wohligen Kälte Sibiriens aus, aber auch seine Tage sind dort gezählt. Dieses traurige Paradies ist lediglich eine Himmelsrichtung, eine Art innerer Kompaß. Weil Kargan weiß, daß seine weltgeschichtliche Mission, die proletarische Revolution, schiefgegangen ist, vermag er der lärmenden Leere seiner Zeit Sinn abzugewinnen: „Für hoffnungslose und entschlossene Zuschauer, wie Friedrich, hat sie (die Leere, A.d.V.) alle Freuden zur Verfügung: den faulen Geruch von Wasser und Fischen in den gewundenen Gäßchen alter Hafenstädte, den paradiesischen Glanz der Lichter und Spiegel in den Kellern, in denen geschminkte Mädchen und blaue Matrosen tanzen, den wehmütigen Jubel der Ziehharmonika, der profanen Orgel volkstümlicher Lust, das törichte und schöne Brausen der weiten Straßen und Plätze, der Flüsse und Seen aus Asphalt, die leuchtenden grünen und roten Signale in den Bahnhöfen, den gläsernen Hallen der Sehnsucht." (GW, 846)

Das sind moderne Freuden und „volkstümliche" Wohllüste, die nur die „stolze Wehmut eines Einsamen", eines Sibiriers, auszukosten vermag, der Abschied von der Idee genommen hat, die Welt in Bewegung zu setzen und der sich nunmehr, aller törichten Illusionen ledig, von ihr treiben läßt, auch wenn es zuweilen schmerzt, Stillstand als Protest gegen eine leere Mobilmachung.

5. Die Einsamkeit der Revolutionäre

Manès Sperber, ein geistiger und geographischer Nachbar Roths, hat sich in einem Mitte der sechziger Jahre erschienenen Essay darüber gewundert, „daß Joseph Roth dank seinem ungewöhnlichen dichterischen Talent Erkenntnisse ausspricht, mit denen er in seinen Romanen nicht gar viel anfangen kann, eben weil er selbst zeitweise ein Rebell, doch nie ein Revolutionär gewesen ist (?)."

Anlaß war der posthum aufgetauchte und erschienene Romantorso ‚Der stumme Prophet', aus dem Sperber, selbst ein von seinem politischen Gott Verlassener, zutiefst beeindruckt folgende Zeilen zitiert: „Die Seligkeit, einmal für ein große Idee und für die Menschheit gelitten zu haben, bestimmt unsere Entschlüsse auch lange noch, nachdem der Zweifel uns hellsichtig gemacht hat, wissend und hoffnungslos. Man ist durch ein Feuer gegangen und bleibt gezeichnet für den Rest seines Lebens." (GW, 3, 843)

Nun war Joseph Roth tatsächlich niemals ein Revolutionär im Sinne Manès Sperbers, also ein marxistisch ausgerichteter Sozialist. Indes sind die Anzeichen von Sympathie für das sozialistische Experiment in Rußland auch im Falle Roths unübersehbar; Sympathien, die Roth mit zahllosen, keineswegs doktrinär-kommunistischen Zeitgenossen geteilt hat. Ingeborg Sültemeier hat als erste das Engagement des jungen Joseph Roth für Sozialismus und Pazifismus, wie es in den journalistischen Arbeiten der frühen zwanziger Jahre zutage tritt, analysiert und dokumentiert. Mehrfach deklariert sich der „rote" Joseph als Sozialist, publiziert für linksrepublikanische Zeitungen und sozialistische Parteiblätter. Dort erscheint auch sein erstes literarisches Opus ‚Das Spinnennetz', eine Art von polistischem Agentenroman in expressionistischer Diktion und einem Hauch von Anarchie und Konterrevolution. Diese von einem unbestimmten Gerechtigkeitsgefühl, von Unzufriedenheit und Neugierde bestimmte sozialistische Grundhaltung, wie sie bei Roth in den Jahren 1919 bis 1923/24 zweifelsohne vorlag, macht auch erst eigentlich die Rothschen Polemiken gegen den Kommunismus erklärlich, die mit der Rußland-Reise beginnen und sich in der schroffen Ablehnung des Kommunismus in der Exilzeit fortsetzen. Die Form der Abrechnung verrät die persönliche Enttäuschung. Von da an ist Roths politisches Urteil von einer gewissen Aussichtslosigkeit und Verzweiflung bestimmt: die Idee eines authentisch östlichen Sozialismus, der nicht dem profanen und versachlichten amerikanischen Kapitalismus folgt, diese Utopie eines Sozialismus der ‚slawischen Seele' war für Roth nach seiner überaus realen Begegnung mit dem Sowjetkommunismus weitgehend ausgeträumt.

Der politische Reiz der beiden Romane ‚Die Flucht ohne Ende' und (thematisch verwandt) ‚Der stumme Prophet' liegt unter anderem darin, daß sie in eine Periode fallen, in der Roth in seiner Beurteilung – trotz all der wachsenden Kritik im Gefolge seiner Reise in die Sowjetunion – noch schwankt und in der sich historisch die totalitäre Verhärtung des Revolutionsregimes in Gestalt des Stalinismus bereits abzuzeichnen beginnt. Für Roth, der 1918/19 selbst in die Kriegs- und Revolutionswirren rund um seine galizische Heimat geraten war und der im Sommer 1920 als Sonderberichterstatter der Neuen Berliner Zeitung über den polnisch-russischen Krieg berichtete (wobei die Sympathie für die Rote Armee und die Abscheu vor den von der polnischen Armee verübten Pogromen an der jüdischen Bevölkerung in diesen Berichten unübersehbar sind), stellt der erste Weltkrieg eine geschichtliche Demarkationslinie dar. Der Weltkrieg, so lautet die traurig-ironische Diagnose Roths, trägt seinen Namen zu Recht, denn er hat eine ganze Welt vernichtet. Das ist eine Einschätzung, die Roth mit vielen anderen seiner Generation teilt. Im Gefolge dieses großen Krieges ist jenes unruhige Vakuum entstanden, jenes künstliche Klima, das Aufrührer und Revolutionäre gegen die Ordnung schlechthin gedeihen ließ und darüber hinaus soziale Anarchie und eine Inflation der Werte bewirkt hat. Das ist die große Stunde für die politischen „Hochstapler" jedweder Couleur, deren augenfälligstes Kennzeichen die verselbständigte Lust an Aktionen, Geheimorganisationen und obskuren Plänen, am Spiel mit falschen Namen und Pässen, an anonymen Treffen und ständigem Ortswechsel darstellt. Schon mit seinem gutmütigen und zugleich rücksichtslosen Revolutionär Zwonimir (in ‚Hotel Savoy') führt der Autor den Typ eines Kämpfers vor, dessen Unzufriedenheit mit dieser Welt sich nicht aus intellektuellen Einsichten oder gar aus historischen Perspektiven speist. Wie Benjamin Lenz im ‚Spinnennetz' (der Titel des ersten Romanes spricht die Faszination für clandestine Verbindungen sehr offen aus) scheint Zwonimir, dieser Ausbund männlicher Phantasie, und übrigens auch seine poetischen Nachfolger eher dem Umkreis des russischen Nihilismus als dem „wissenschaftlichen Sozialismus" eines Karl Marx entsprungen zu sein. Die Grenzen zwischen Kommunismus und Faschismus sind dabei erschreckend fließend. Verstärkt wird dieser Eindruck durch die stets präsente, nicht selten zur Pose erstarrten Erfahrung des Weltkriegskämpfers, dem nichts geblieben ist und der alles verloren hat. Ödön von Horváth, dessen Werk ähnliche innere Konstellationen beschreibt, hat bekanntlich das Phänomen der Inflation auf den Wertekodex seiner Zeit bezogen: auch Roths Helden wissen, daß sie nichts mehr in Händen halten; dadurch werden ihnen die Hände frei: zur ominösen Aktion gegen die Geschichte.

Damit einher geht der Eindruck, der moderne Mensch sei gleichsam exterritorial, existentiell heimatlos geworden. In seinen französischen Impressionen ‚Die weißen Städte' beschreibt Roth diesen Zustand als radikales Bewußtsein von der Relativität des Seins: „Wir haben die Relativität der Nomenklatur und selbst die der Dinge erlebt. In einer einzigen Minute, die uns vom Tode trennte, brachen wir mit der ganzen Tradition, mit der Sprache, der Wissenschaft, der Literatur, der Kunst: mit dem ganzen Kulturbewußtsein. In einer einzigen Minute wußten wir mehr von der *Wahrheit* als alle Wahrheitssucher der Welt. Wir sind die auferstandenen Toten. Wir kommen, mit der ganzen Weisheit des Jenseits beladen, wieder herab zu den ahnungslosen Irdischen. Wir haben die Skepsis der metaphysischen Weisheit." (GW, 3, 884)

Das ist zu einem Zeitpunkt geschrieben, als Roths rebellischer Elan schon versiegt ist; das Schlüsselerlebnis, der Anstoß, die Quelle hierzu ist freilich noch gut ablesbar: die Erfahrung des Krieges, jene „einzige Minute, die uns vom Tode trennte" und die Sicherheit bürgerlicher Ordnung dramatisch relativierte und erschütterte. Diese quasi religiöse ‚Erleuchtung', die in der Geistesgeschichte durchaus nicht selten ist, bildet bei Roth den Ausgangspunkt für eine durchgängig neue existentielle Grundposition, die sich – auch nach dem Ende aller revolutionären Hoffnungen – in seinen persönlichen Äußerungen und in seinem Werk nachweisen läßt. Mit dem Lebensgefühl des „auferstandenen Toten" läßt sich jene Unbeteiligtheit erklären, die nahezu alle männlichen Protagonisten Roths auszeichnet, eine unauflösliche Fremdheit gegenüber der Welt schlechthin und gegenüber allen Versuchen, in ihr eine endgültige Ordnung zu erkennen.

Roths „Skepsis der metaphysischen Weisheit" beinhaltet zugleich Mißtrauen gegen den modernen Intellektuellen und gegen jedwede ‚Wahrheitssucherei', und zwar unter Berufung auf eben jene evidente Erfahrung der „Relativität der Nomenklatur". Das ‚falsche Bewußtsein' der Intelligenz – dies ließ sich aus dem Romanwerk als These destillieren – hängt ursächlich damit zusammen, daß rationaler Welterfassung und Weltveränderung das Schicksalhafte des Lebens, vor allem seiner Tiefenschicht an Erfahrungen entgeht. Roths revolutionäre Wunschbilder verweigern sich der analytischen Erforschung komplexer gesellschaftlicher Realitäten, ihr Blick bleibt am einzelnen haften, dessen Leid immer auch das eigene ist. Der verhaltene und ironische Ton, der in den Feuilletons wie in der Prosa angeschlagen wird, ist zum einen Abwehr gegen die weltanschauliche Überhöhung des Mitleids durch den Expressionismus, entspringt aber zum anderen dem Gefühl der Aussichtslosigkeit: Fast hat es den Anschein, als ob alle einsamen Kämpfer in Roths literarischem Panoptikum sich von einer

‚Sache' einnehmen lassen, an deren positive Verwirklichung sie selbst nicht recht glauben: von der Idee sozialer Gerechtigkeit. Einen „Reaktionär, der allerdings ein Proletarier ist und der die Solidarität mit den Armen um keinen Preis aufgibt", nennt Roth sich selbst einmal. Ironie und Pathos halten sich bei derlei Selbstdeutung die Waage. Und wie eine Veranschaulichung dieser Position mutet es an, wenn er in einem Feuilleton ausführt: „... mein privates Herz schlägt in einer sentimentalen (und jüngst wieder etwas unmodern gewordenen) Weise für die kleinen Wesen, denen man befiehlt und die gehorchen, gehorchen, gehorchen und läßt mich selten zu der Objektivität für die großen gelangen, die befehlen, befehlen, befehlen." (GW, 3, 583)

Aus diesem Geist entstanden ist die Geschichte des seelisch und körperlich versehrten Kriegsheimkehrers Andreas Pum („Die Rebellion"), der schicksalhaft an Gott und Vaterland glaubt und gerade von den Mächten der Tradition zertreten wird. Am Ende versucht er aufzubegehren, aber die Mächte erweisen sich als so schicksalsmächtig wie er stets angenommen hatte. In der Unentrinnbarkeit dieser und ähnlicher Abläufe liegt wohl die Ursache für die Traurigkeit der Rothschen Rebellen und Revolutionäre: die Aussichtslosigkeit stärkt das Mitleid. In diesem Sinn zu lesen sind auch viele frühen Feuilletons aus der Wiener und Berliner Zeit, etwa der an die Bibel gemahnende „Zug der Fünftausend", eine stumme Prozession Berliner Obdachloser, ‚Der Mann aus dem Altersheim' – die Geschichte eines Mannes, der nach fünfzigjähriger Hospitalisierung, sozialem „Tod", Berlin wieder zu Gesicht bekommt und die Stadt nicht wiedererkennt – oder der Bericht über den ukrainischen Bauern Oleksa Solonenko, der von Brasilien in seine alte Heimat Galizien zurückkehren wollte und im Wartesaal vierter Klasse des Schlesischen Bahnhofs stirbt. Sie alle, der Bauer Solonenko wie der rumänische Notar Imre Ziska, der ein halbes Leben um einen Paß kämpft und darüber stirbt, sie sind arme Teufel, Menschen ohne Welt, Opfer und Objekte einer undurchschaubaren sozialen Maschinerie. Zugleich versinnbildlichen gestrandete Figuren wie der Hochstapler

„Graf Schlieffen" und Harry Domela, der falsche Kaisersohn, deren Schicksale Roth ebenfalls teilnahmsvoll-ironisch geschildert hat, den Zustand einer heruntergekommenen sozialen Ordnung, den Untergang zwar nicht der, wohl aber einer Welt.

Ihr wird bei Roth zunächst nicht nachgeweint und nachgetrauert. Seine frühen Revolutionäre, der Jude Benjamin Lenz, ein Anarchist, der ausgerechnet zum Helfershelfer militaristisch-faschistischer Kreise wird oder der egozentrisch-schüchterne Revolutionär Friedrich Kargan, sie alle handeln nach der Devise, daß man das, was fällt, nicht aufhalten solle, vielmehr den Einsturz der alten Ordnung beschleunigen müssen.

Die lange vergessene Romanpremiere ‚Das Spinnennetz', häufig als der erste Roman über den völkisch-faschistischen Dunstkreis in Deutschland verstanden (der Roman erschien denn auch in Fortsetzungen in der Wiener ‚Arbeiterzeitung') überrascht seine – linken – Leser insofern, als er dem kleinbürgerlich-nationalistischen deutschen Jungmann Theodor Lohse ein jüdisches Pendant, eben den nihilistischen Anarchisten Lenz, zu Seite stellt; eine Figurenkonstellation, die in dem späteren Buch ‚Rechts und Links' seine Fortsetzung findet, wenn Theodor Bernheim, der undurchsichtige Geschäftsmann und Finanzier rechter Kreise, und der Rebell Brandeis als Verschwörerduo auftreten. Im ‚Spinnennetz' nun, diesem frühen Dokument der Rothschen Vorliebe für die „Geheimnisse der Macht" sowie für das Milieu von Spionage und revolutionärem Untergrund, fungiert der Jude Trebitsch (einen jüdischen Wiener Antisemiten dieses Namens hat es tatsächlich gegeben) zusammen mit dem schon erwähnten Benjamin Lenz als Drahtzieher völkischer Aktionen, deren Gläubiger wie skrupelloser Parteigänger eben jener Theodor Lohse wird, der Stück für Stück die politische Karriereleiter hinaufsteigt. Auch wenn im Falle Trebitschs und Lohses das zynische Spiel mit einer im Grunde armen Kreatur nicht zu übersehen ist, bleibt der im Roman konstruierte Zusammenhang anstößig und setzt sich der Kritik von allen Seiten aus: erstens erscheint hier die völkische Bewegung beinahe als das Werk jüdischer Kreise und zweitens erhält sie dadurch zugleich sozusagen die Weihe des Revolutionären. An dieser Perspektivik ändert wenig, daß Trebitsch schließlich dem alten Kontinent den Rücken kehrt und in Richtung Amerika verschwindet oder daß Lenz den klassischen Akteur mit doppeltem Boden verkörpert. Im ‚Spinnennetz' wie auch in ‚Rechts und links' sticht – und darauf haben einige Interpreten zu Recht hingewiesen – die Brüchigkeit der Komposition ins Auge: Während die eigentlichen Hauptfiguren, die deutschnational-völkischen Proponenten Theodor Lohse oder die Gebrüder Bernheim eigentümlich blaß wirken – vor allem im Vergleich zu zeitgenössischen Darstellungen der heimatlosen Rechten bei Horváth, Feuchtwanger und Neumann – schiebt sich die Figur des jüdisch-osteuropäischen Revolutionärs, der im vagen Sinn des Wortes ‚links' steht, im Verlauf des Romanes mehr und mehr in den Vordergrund. Die Phantasie des Autors steht dem Einfallsreichtum der Figur eines Benjamin Lenz in nichts nach. Lenz etwa fälscht Berichte, Papiere und Stempel, er verstrickt sich in hektische Aktivitäten nicht um eines Ideals willen, sondern aus blankem Haß: „Seine Idee hieß Benjamin Lenz. Er haßte Europa, Christentum, Juden, Monarchie, Republiken, Philosophien, Parteien, Ideale, Nationen. Er diente den Gewalten, um ihre Schwäche, ihre Bosheit, ihre Tücke, ihre Verwundbarkeit zu studieren. Er betrog sie mehr, als er ihnen nützte. Er haßte die europäische Dummheit. Seine Klugheit haßte." (GW, 1, 92)

Natürlich sorgt sich dieser sentimentale Ostjude emsig und rührend um die Familie, aber ansonsten prallt jedes Mitleid an ihm ab: „Fremd waren ihm die Menschen, fremde Gesichter trugen sie, nicht von seiner Welt waren sie, nicht von dieser Welt. Er bedauerte sie nicht, er sah, daß sie leiden mußten, aber welcher Art ihr Leid war, konnte er sich nicht vorstellen." (GW, 1, 96)

Es hat ganz den Anschein, als ob Roth seine eigenen Sehnsüchte, Ängste, Fremdheitsgefühle und Anpassungsschwierigkeiten an die westliche Welt mittels Figuren wie Benjamin

Lenz mehr gestaltet als verarbeitet hat. Was Roth wohl selbst nie gewesen ist, dafür stehen seine Protagonisten ein: für die Revolte aus blankem Unbehagen an einer fremden, als wertlos empfundenen Welt. Deshalb interessiert ihn die geistige wie die gefühlsmäßige Beschaffenheit eines ganz bestimmten Revolutionstyps, des heimatlosen Anarchisten, der mit seinen Brüdern teilt und die Welt mit gleißendem Hohn verspottet. Trotz gelegentlicher Distanz sieht er in Gestalten wie Lenz oder Brandeis die einzig wahren Revolutionäre, während ihn jene, die aus einem intellektuellen und weltanschaulichen Prinzip heraus handeln und agieren, völlig kalt lassen. Besonders deutlich zeigt sich dies an seinem erst im Nachlaß gefundenen Romanfragment ‚Der stumme Prophet', in dem er weniger Vertreter diverser sozialistischer Strömungen als vielmehr unterschiedliche revolutionäre Temperamente vorstellt: den brutalen, am Ende siegreichen Savelli, den russischen Patrioten Berzejew, den rhetorisch begabten R., einen Intellektuellen und schließlich Friedrich Kargan, den heimatlosen Rebellen gegen die bürgerliche Ordnung, der ganz ähnlich wie Benjamin Lenz an der Welt Rache nehmen möchte – Auslöser ist diesmal die unglücklich verlaufene Kindheit.

Gegenüber dem bärenstarken ‚Macho' Zwonimir aus ‚Hotel Savoy' und dem nervösen Misanthropen Lenz ist Kargan, die Hauptfigur des Prosafragmentes, sehr viel differenzierter geraten. Wenigstens zu Anfang sind seine Erlösungsgedanken und seine antibürgerliche Haltung, Grundvoraussetzungen für das revolutionäre Engagement, durchaus ernst gemeint. Aber auch er stilisiert Haß und Gewalt zu Mitteln der eigenen Identitätsfindung, in deren Zentrum die Abneigung gegen die „fette und blutige Behaglichkeit" steht. „Es ist uns bestimmt, eine Revolution vorzubereiten", notiert Kargan in seinem Tagebuch, „wahrscheinlich nicht, die Erfolge einer siegreichen zu erleben." (GW, 1, 787)

Schon bei seinem Zürcher Aufenthalt während des ersten Weltkrieges hat dieser egozentrische Revolutionär jegliche Hoffnung aufgegeben, daß die Welt wirklich positiv zu ändern sei. Darin liegt die Pointe, das Neue des Romans: Kargan kehrt nach dem Sieg der Revolution den Rücken und nimmt die Verbannung in Kauf: es ist schon die zweite, denn schon das zaristische Regime hatte ihn für Jahre nach Sibirien geschickt. Dem Opfer für die Revolution folgt ein Leben als Opfer der Revolution, innerlich wie äußerlich. „Was veranlaßte ihn", so fragt der ihm freundlich gesonnene Erzähler, „noch einmal für eine Sache zu leiden, von der er sichtlich nicht mehr überzeugt war?" (GW, 1, 842)

Von der psychologisch so interessanten wie tragischen Bindung an die Revolution, die auch dann noch fortdauert, wenn man von ihr Abstand genommen hat, einmal abgesehen, haben wir es hier mit einer Art von Verbannung zu tun, die so unfreiwillig nicht ist. Sibirien stellt, wie schon im vorigen Kapitel skizziert, jenen Ort dar, der aus der Geschichte herausführt, jenen Ort an dem die „Sehnsucht nach dem Rande der Welt" und die „stolze Trauer stummer Propheten" eine Heimstatt finden. Die Verbannung aus der Geschichte ist eine doppelte, eine objektive, von den revolutionären Machthabern verfügte und eine subjektive, ein Exil für den „stummen Propheten".

Es läßt sich schon hier absehen, wie sich bei Roth – lange vor dem Triumph des Nationalsozialismus – historische Aussichtslosigkeit und radikale Kulturkritik miteinander verbinden. So „verzeichnen" der heimatlose Österreicher und Triestiner Kargan und sein Schicksalsgenosse Berzejew, der russische Patriot, „in ihrer unsichtbaren Schrift die Symptome einer unmenschlichen und technisch vollkommenen Zukunft, deren Zeichen Flugzeug und Fußball sind und nicht Sichel und Hammer." (GW, 3, 843)

Kargan, wie alle gegen die Geschichten aufbegehrenden Gestalten Roths kein ideologisch Verblendeter, entscheidet sich in dem Augenblick für die Rückkehr in das nunmehr revolutionäre Rußland (eine Rückkehr, die, wie er weiß, mit der Wiederholung der Verbannung enden muß), als sich ihm in Gestalt Hildes, seiner einzigen und großen Liebe, die Perspektive eines bürgerlich geordneten Lebens eröffnet. Roths einsame und stumme Helden kämpfen nicht bloß gegen Gott und die Welt, nicht nur gegen die weichen Samtpolster der Bourgeoisie, sondern auch gegen die Welt der Frau, gegen das Weibliche schlechthin. Dieses revolutionäre Dasein, das aufs überraschendste jenem Militärleben in ‚Radetzkymarsch' ähnelt, kennt eigentlich nur die Männergemeinschaft, das Leben ohne Familie und feste Bindung. Vor dieser flieht Kargan, dem es schwerfällt, die männlich-heroische Existenz aufzugeben, nach Rußland, nach Sibirien. Hilde stellt für Kargan das ideale Ojekt der Projektion dar: Anziehung und Abstoßung bedingen sich dabei wechselseitig.

Das zeichnet sich schon zu Anfang des Romanes ab, wenn Kargan als mittelloser Student, Hilde, die junge Dame aus vornehmem, wohl situierten Hause unbedingt kennenlernen möchte, um ihr sogleich den Kampf anzusagen: Klassenkampf privat. Hilde läßt sich auf dieses Spielchen schon deshalb auch ein, weil sie unter der Leere des Salonlebens leidet und in Kargan einen Retter, einen Helfer ihrer emanzipatorischen Wünsche, sieht. Das kann nicht gut gehen. Zweimal nimmt Kargan vor der leibhaftig-weiblichen Bourgeoisie Reißaus, einmal als jugendlicher Student in Wien, das andere Mal als desillusionierter, geschlagener Revolutionär, als er Hilde in Paris unversehens wiederbegegnet.

Roths Helden spielen Revolution: vor den Frauen und für die Frauen, deren nichtrevolutionäre, ‚gediegene' Wünsche sie verachten. In dieser revolutionären Pose schwingt die Angst vor dem anderen Geschlecht mit.

In Roths durch und durch konservativem, wenn auch nicht stringent bürgerlichem Frauenbild besteht eine permanente Spannung zwischen Abwertung und Faszination, zwischen Ablehnung und Hingabe, Momente, die auch den epischen Ablauf so mancher Romane und Erzählungen bestimmen. Der Roman aus dem Nachlaß ist hierfür nur ein besonders eindrucksvoller Beleg. Der Erzähler und seine Romangestalten rücken als männliche Kombattanten zusammen. Nicht selten bezeichnet der Erzähler seine Helden als Freunde oder Kameraden: Zwiesprache mit der männlichen Imago. Ein weiteres ästhetisch-formales Indiz hierfür ist die Vorliebe für die erlebte Rede: die einsamen, geradlinigen Hauptsätze ‚gehören' beiden: der Figur wie ihrem Schöpfer. Ein so exzellenter Proseschriftsteller wie Joseph Roth vermag sich zu täuschen, nicht aber seine Leser. So legt sein fragmentarischer Roman nicht bloß die unbestreitbaren Schwächen und Halbheiten der bürgerlichen Frau aus gutem Hause, sondern auch die des „stummen Propheten" bloß. Vielleicht sogar entgegen der eigenen Intention wird eine Sorte von revolutionärem Impetus von innen heraus decouvriert. Daß die eigenen Schwächen des Autors dabei eine gewichtige Rolle spielen (weshalb er auch für die männliche Figur Partei ergreift), tut der (impliziten) analytischen Qualität des Textes keinerlei Abbruch. Womöglich ist der (heutige) Leser hier dem Autor um einiges voraus; vielleicht läßt sich die ungeschmälerte Aktualität seines Werkes so umschreiben.

Wie Friedrich Kargan so agieren auch die anderen männlichen Solitäre, die sensibleren ebenso, wie die grobschlächtigeren Propheten, Wanderer und Aufständischen, nicht nur der Welt gegenüber aus einer distanzierten Außenlage (was ja für einen revolutionären Gesellschaftsveränderer per definitionem selbstverständlich ist) sondern auch gegenüber der Sache, die doch die ihre sein müßte: der Revolution, die doch ihren seelischen Nährstoff bildet.

Handlungsweise und Motiv kommen nicht zur Deckung: Franz Tunda, der Protagonist in ‚Die Flucht ohne Ende', ein zunächst durchaus unrevolutionärer Weltkriegsheimkehrer, wird zum Vorkämpfer der kommunistischen Umwälzung, weil er sich bei seiner Gefangennahme in eine der Partei glühend ergebene Aktivistin verliebt. Er ergreift aus Liebe zu der Frau für die Revolution Partei; aber genau das kann sie aus ihrer weltanschaulichen Position heraus unmöglich akzeptieren, wie erfolgreich der Geliebte als Parteisoldat zuweilen auch sein mag. Die revolutionäre Attitüde der Frau wird anders als die des Mannes (etwa im Falle Kargans) schonungslos verurteilt. Natascha, die russische Revolutionärin, wird als Gefangene ihrer eigenen Widersprüche dargestellt, in deren Weltbild das private Glück keinen Platz hat und höchstens als ein hygienischer Funktionswert im großen Ganzen eine gewisse Berechtigung hat.

Die Situation erweist sich letztendlich als unhaltbar: sie lebt beständig im Zwiespalt zwischen revolutionärer Hingabe und einer Liebe, die sie sich nicht erlauben will. Hinzu gesellt sich die Angst, Tundas Zuneigung zur Revolution könnte, getreu dem von ihr aufgestellten kategorischen Imperativ, einmal größer werden als die zu ihrer Person. Aber auch für Tunda gestaltet sich die Situation zunehmend schwierig, soll er doch für ein Regime kämpfen, das eine Passion wie die seine nicht dulden möchte. Eine der nächsten Stationen ist wieder: Sibirien.

Natascha und Hilde verkörpern zwei konträre Welten, denen zuzugehören Roths männliche Helden außerstande sind. Beide üben auf diese einen nachhaltigen Reiz aus, die bürgerlich-stilvolle Ordnung wie die wilde Nüchternheit der Revolution. Das Sachlich-Kalte stößt die Kargans und Tundas sowohl am bürgerlichen Leben wie an der bolschewistischen Revolution ab. Weder mit Hilde, noch mit Natascha läßt sich als Mann im Sinne Roths leben.

Der gewalttätige Tarabas, Titelheld eines Romanes der Emigrationsjahre, ein plumper Kerl, der sich in einer New Yorker Bar wegen seiner Freundin herumprügelt und nach seiner Rückkehr die Cousine mit der Geste eines Mannes verführt, der ein stilles Tagwerk verrichtet, ist gewissermaßen ein holzschnittartig vergröberter epischer Nachzügler in Roths Gesamtwerk. Er endet auch nicht als verlorener Flaneur in Paris wie Franz Tunda sondern als büßender Wandermönch in Rußlands Steppenlandschaft. Tarabas, ein ungeschlachteskräftiges männliches Schlachtroß sui generis, schlüpft nach dem Zusammenbruch des Zarismus direkt aus dem militärischen in das revolutionäre Gewand, sentimental gegenüber seiner Soldateska, rücksichtslos gegenüber seinen Feinden. Den äußeren Höhepunkt bildet eine blutige Judenverfolgung, in die „Oberst" Tarabas verwickelt wird.

Beständige Irritation für Tarabas bleibt das mehrmalige und stets unvermutete Auftauchen eines rothaarigen Juden, in den

Augen des Soldaten-Revolutionärs ein beunruhigendes, unheilvolles Omen, ein Apell an sein inneres Gewissen; in der epischen Anlage des Romanes kündigt sich ebenso wie im biblischen Anklang von Tarabas Namen die innere Umkehr an: die Buße des Christen. Verwandlungskünstler waren ja auch viele andere Gestalten: Gabriel Dan (‚Hotel Savoy'), Franz Tunda oder auch Kargan, über den es zu Ende des ‚Stummen Propheten' heißt: „Aber er begann sein neues Leben, als wäre es ein bereits gelebtes. Er kannte es. Er betrat es wie ein Schauspieler" (GW, 3, 818). Kargan bleibt ein Ungläubiger, ein zu Schauspiel und Wiederholung Verurteilter, Tarabas legt das Büßergewand an, „ein Gast auf dieser Erde" (so der Untertitel des Romanes). Er strebt nicht mehr danach, den geographischen Rand der Welt zu erreichen, kein Sibirien, keinen Baranovicz. Die Exterritorialität des (modernen) Menschen erfährt nunmehr eine positive, wenn auch sehr unorthodoxe christliche Wendung: „die Skepsis der metaphysischen Weisheit".

6. Politischer Journalismus

Daß Joseph Roth ein Mensch gewesen sei, dem „alles Politische zwar niemals gleichgültig, aber immer fremd gewesen sei" – so Marcel Reich-Ranicki –, das ließ sich 1966 noch mit einiger Plausibilität behaupten, obschon damals wieder ein beträchtlicher Teil des publizistischen Werkes Roths zugänglich war. Dem monarchistischen Spätheimkehrer und ‚heiligen Trinker' Joseph Roth – so die geläufigen Clichés – mochte man politischen und analytischen Spürsinn kaum zutrauen und zugestehen. Und doch verfügte dieser Romantiker über außerordentlichen Sensus für Deutschlands reale und symbolische Topographie. Seine besten Essays lesen sich heute als ein gewichtiger Beitrag zur fortdauernden deutschen Malaise.

Vom politischen Schriftsteller Joseph Roth zu sprechen, heißt, einen Essayisten zu würdigen, einen stilsicheren Chronisten mit unerwarteten Einfällen und Anekdoten, bei dem sich subjektiver Gestus, die Vorliebe für das scheinbar Nebensächliche, sicheres, zuweilen prophetisches Urteil und rhetorische Angriffslust glücklich ergänzen. In seinen Berichten aus Berlin sowie – später – in seinen Reisebildern, die Roth zunächst für den ‚Vorwärts' sodann für die ‚Frankfurter Zeitung' verfaßte, entfaltet sich ein feuilletonistisches Können, das den großen Vorbildern eines literarisch inspirierten Journalismus im Stile Zolas, Heinrich Manns oder Alfred Polgars in nichts nachsteht. Roth, diese Schreib-Maschine, berichtet über alles und jedes: über Gerichtsprozesse und Kunstausstellungen, über Motorradfahrer und „Girls", über Kaisers Geburtstag und über das Gleisdreieck (in Berlin), stets geplagt von Geldsorgen, angetrieben aber auch von quälendem schreiberischen Ehrgeiz.

Seine gelungensten Feuilletons aus der Weimarer Zeit stellen, um einen Ausdruck Hartmut Scheibles zu gebrauchen,

„tableaus" dar, Bilder deutscher Geschichte, die auf überraschende Weise Einblick in die Architektur, gewähren. „Das historisch Gewordene menschlich zu beleben", sieht Roth als Hauptaufgabe des Essayisten und Chronisten an. Seine Methode ähnelt – wie auch in der Prosa – der des Films: die Argumentation verläuft über die Einprägsamkeit konkreter Ausschnitte und Details.

Seine politischen Bildbeschreibungen zeigen Roth als einen kritischen und kompromißlosen Republikaner gemäßigt linker Provenienz, als einen Anhänger Rathenaus und Eberts. Einige radikalere Attitüden leistet er sich nur in dezidiert sozialdemokratischen Zeitungen. Ansonsten verficht er einen kämpferischen Humanismus ohne allzuviel weltanschaulichen Ballast: so wendet er sich bereits 1921 gegen einen „lausüßlichen Saccharin-Pazifismus" und hält diesem den aktiven kämpferischen Geist Maxim Gorkis entgegen. (GW, 4, 518 ff.)

Es fällt auf, daß in den journalistischen Arbeiten Roths (und in gewisser Weise steht dies im Gegensatz zu der literarischen Vorliebe für den permanenten und heimatlosen Revolutionär) jeglicher Radikalismus, auch der linke, verworfen wird. Wenn Roth revolutionären Gestalten wie Karl Radek, Maxim Gorki oder – Ausnahme von der Regel – Frauen wie Larissa Reißner und Angelica Balabanoff Sympathie entgegenbringt, so nicht wegen ihrer politischer Einstellung, sondern ausschließlich wegen ihrer persönlichen Haltung und Glaubwürdigkeit. Während er sozialdemokratische und kommunistische Funktionäre, linke Intellektuelle und Fellow-travellers – etwa Walter Benjamin, Georg Bernhard Shaw oder Charlie Chaplin – mit Hohn überschüttet, schätzt er Maxim Gorki oder Angelica Balabanoff als ‚Revolutionäre mit Herz'.

Dem Republikaner Roth wiederum erscheint die Weimarer Republik als ein „neues Haus mit alten Betten", ein Land, das sich nicht losreißen kann vom „Rattenschwanz dieser alten deutschen Kaiser". Als Sinnbild dafür gilt ihm der Reichstag in Berlin: „An seinem Eingang befindet sich die Widmung: ‚Dem deutschen Volke'. Aber auf seiner Kuppel, fünfundsiebzig Meter über dem Straßennieveau, erhebt sich die goldene Krone, breit, wuchtend, eine Last, die in keinem Verhältnis zur Kuppel steht und jenen Widmungsspruch desavouiert." (GW, 4, 32)

Die Krone lastet schwer auf der Republik, befindet Roth, der spätere Monarchist, in den zwanziger Jahren. Und über die österreichischen Anhänger eines republikanischen Anschlusses an Deutschland anno 1918 urteilt er im Rückblick, schon im Exil, lakonisch: „Sie verwechselten Kaiserlosigkeit mit Republik." (GW, 4, 767)

Überall ortet Roth die Allgegenwart der kaiserlichen Symbolik, so wenn er die seltsamen Gemächer des Kaisers im Reichstag mitsamt Toilette und „allerhöchsten Klosett" beschreibt, die der preußische Imperator indes nie benutzt habe. (GW, 4, 540) Zur Technik des Tableaus gehört die geschickte Anordnung der einzelnen Eindrücke und Bilder, etwa wenn ein Reichstagsbericht die leise Stimme des Alterspräsidenten und die aufmerksame Spannung, die dem frischgebackenen Reichstagsabgeordneten und einstmaligen kaiserlichen Feldmarschall Ludendorff zuteil wird, kontrastiert: Leise ist die Stimme der Demokratie und überdies schwach. Der „unpolitische" Beobachter versäumt auch nicht, die „tote Pracht" des Haupteingangs zu erwähnen, dessen Tore stets verschlossen sind: Die Republik muß durch den Nebeneingang eintreten. Das ist zugleich eine historische Bestandsaufnahme: die Republik ist in diesen Räumlichkeiten nur geduldet. Zugleich hält Roth eine Beobachtung fest, die ihn, den schon sehr früh die Rituale der Repräsentation und die erstarrten gerade deshalb so wirksamen Bilder beschäftigt haben, beunruhigen mußten: „Die demokratischen Einrichtungen", wenigstens in Deutschland, „haben zu wenig Zeremoniell". Es ist aufschlußreich, wie Roth, damals ein junger Demokrat, die Notwendigkeit des „Zeremonielles", dieser „nützlichen Form jeder feierlichen Situation", begründet: „Es gibt dem haltlosen Teilnehmer wenigstens Ablenkung von seiner eigenen Haltlosigkeit und seiner Lust, sich bemerkbar zu machen, und verleitet ihn zu einer unfreiwilligen Stille. Dem Würdevollen gibt es noch mehr

Haltung. Es erhöht die Ruhe und dämpft die Lautheit. Es zwingt wenigstens für einige Stunden, diese Körperschaft, die sich aus Unterschieden zusammensetzt, zu einer einzigen Form der Gemeinsamkeit." (GW, 4, 33)

Die Zeremonie gewährleistet den Zusammenhalt des Sozialkörpers und sie realisiert ihn für kurze Zeit leibhaftig. Mit diesem so bedenklichen wie bedenkenswerten Faible für das feierliche Ritual des Staates, an der es der neudeutschen Demokratie so ermangelt, hat Roth das große Thema späterer Jahre vorweggenommen: die beschwörende Kraft gemeinschaftsstiftender Bilder, wie er sie insbesondere in ‚Radetzkymarsch' vorgeführt hat. Die schwachen Nachkommen Trottas, des Helden von Solferino, vermögen nur dank des Haltes zu überleben, den ihnen die Macht der Tradition in Gestalt erlernter Haltungen und Rituale gewährt. Daß das „Zeremoniell" in der ersten deutschen Republik so schwach entwickelt ist, das erscheint dem „Unpolitischen" als Ausdruck einer fatalen politischen Schwäche, die den in den Augen Roths couragiertesten Vertretern dieses Staates – Ebert, Scheidemann und Rathenau – zum Verhängnis wird. Was die Situation der Republik kennzeichnet, das sind nicht bloß die gespensterhaften Auftritte reaktionärer Akademiker, sinistrer Verschwörer, schlagender Verbindungen und militaristischer Kreise mitsamt ihrem Popanz und ihren Attentaten, sondern auch die Mißachtung der Repräsentanten der Demokratie, die Häme ihnen gegenüber, wie sie für Roth in den großen politischen Prozessen der zwanziger Jahre – gegen die Mörder Scheidemanns und Rathenaus, gegen Ludendorff und Hitler – zum Vorschein kommen, wobei Richter und Staatsanwälte oftmals verständnisvoll mittun.

In einem Bericht über den Prozeß gegen die Scheidemann-Mörder, der am 9.12. 1922 im ‚Vorwärts' erschien, macht Roth wiederum das Nebensächliche zur Metapher für das Hauptsächliche: das Oberflächliche ist beredt. Roth erwähnt den Umstand, daß der Plan der Ermordung des früheren Reichskanzlers im Abort einer Weinstube gefaßt worden sei, um ihn dann ätzend ironisch im Sinne einer Zustandsbeschreibung der politischen Landschaft zu wenden: „Nicht nur Siegesalleen – auch Bedürfnisanstalten können die Gesinnung eines Volkes charakterisieren. Ich kenne mehrere Länder Europas und ihre Bedürfnisanstalten. Aber nur in Ungarn und in Deutschland fand ich so viel nationalistische Exkremente an Klosettwänden. In allen anderen Ländern sah ich nur sexuelle Schweinereien. In Deutschland auch politische." (Sü, 43)

Beinahe schon klassisch geworden ist Roths ‚Geträumter Wochenbericht' über den Hitler-Ludendorff-Prozeß, den er als einen bösen „Fastnachtstraum" erlebt, als eine „spiritistische Seance" toter Geister, eine verkehrte Welt, in der die Angeklagten Ankläger und die „Analphabeten" Schriftsteller mimen: „In München öffnen sich die Gräber der Weltgeschichte, und aus ihnen steigen die begraben gewähnten Leichname." (GW, 4, 532) Und er fügt hinzu: „Es scheint mir, daß die deutsche Geschichte der Gegenwart und der letzten Vergangenheit irgendeinen konservierenden Stoff ausscheidet, mit dem sie ihre Verstorbenen umgibt, daß sie zur Faschingszeit auferstehen und ihre Weltanschauungen in München darlegen können." (GW, 4, 533)

Wie schon in der Schilderung des Reichstages wird die Vergangenheit – ganz im Gegensatz zu Roths späteren Habsburg-Phantasien – hier als skurrile, zugleich aber bedrohliche Maskerade erfahren, weshalb Roth schon im ersten Satz des Textes das Geschehen sarkastisch so kommentiert: „Ich leugne die Wirklichkeit des Hitler-Prozesses." (GW, 4, 531)

Im Rückblick läßt sich sagen, daß Roths politische Tableaus sämtliche tragische Brennpunkte der kurzlebigen Republik ins Bild rücken: dazu gehört auch die Inflation, diese „unendlich lächerliche Tragik" eines Landes, wie Roth in seinen Impressionen über eine „Reise durch Deutschlands Winter" bemerkt. Wieder sind es die grotesken Begleiterscheinungen, die für ihn sprechend sind, so etwa der ordentlich gekleidete Vertreter eines „Leichenbestattungsunternehmens", der seine Geschäfte mit „glänzendem Zylinder" und „pomadisiertem, aufwärtsgezwirbeltem schwarzen Schnurrbart", jedoch per Fahrrad versieht, oder auch ein Eisenbahnschaffner, der hastig liegengebliebene Pralinen-Schachteln ausräumt und dabei ganz unfreiwillig „den ganzen Ernst“ verliert, der ihm dank seiner amtlichen Tätigkeit hätte anhaften sollen. Obwohl monetär alles drüber und drunter geht: in Deutschland herrscht äußerlich Ordnung und Pünktlichkeit. Darin besteht die „lächerliche Tragik“ eines Landes, das einem genauen Beobachter nicht recht geheuer sein kann.

Von diesen eher düsteren und beunruhigenden Szenen heben sich die Gestalten eines Ebert und Rathenau vorteilhaft ab. Man kann hier nicht den um Differenzierung und gerechtes Urteil bemühten politischen Verstand übersehen, zugleich aber verraten die Porträtskizzen dieser beiden Repräsentanten der jungen Republik Roths Bedürfnis nach Autorität, seinen Hang zu Bewunderung und Aufschau, Grundeigenarten, wie sie später in der Darstellung des Kaisers Franz Joseph (oder auch Clemenceaus) voll zum Tragen kommen: in der stoischen Emphase gerät das Bewegte zum monumentalen Vorbild. Der Staatsmann wird zum historischen Archetyp vergrößert.

Nicht zufällig empört sich Roth über die ‚Beschädigung‘ der Erscheinung Eberts durch den Sensationsjournalismus, der den ersten Präsidenten der Weimarer Republik in der Badehose abkonterfeit; in Roths Augen bedeutet dies eine pöbelhafte Mißachtung eines Staatsoberhauptes, eines zwar durchaus mittelmäßigen Menschen, der aber über sich selbst hinausgewachsen sei. Seine persönliche Tragik sei mit dem „Unglück Deutschlands“ aufs engste verknüpft. Das knappe Porträt, das 1923 im ‚Prager Tagblatt‘ erschien, zeichnet Ebert als Inbegriff des Durchschnittsdeutschen im besten Sinn des Wortes: Bescheidenheit, Tüchtigkeit, Fähigkeit zur Anteilnahme, Lernbereitschaft und Verantwortungsbewußtsein bilden dessen herausstechende Charakteristika. Eberts Unglück besteht für Roth darin, daß der Durchschnittsmensch nicht seinesgleichen als Repräsentanten akzeptiere. Das ist die repräsentative Seite seines Unglücks. Die andere hat damit zu tun, daß er im geschichtlich ungünstigsten Augenblick „die Einheit des Reiches zu wahren“ hat: gegen die auseinanderstrebenden Kräfte im Lande und sogar gegen die eigene Partei, die ihn im Stich gelassen hat. Größe gewinnt er also wegen seiner „wachsenden Einsamkeit": Der „Präsident einer glücklicheren Republik kann zurücktreten. Ebert kann es nicht." (GW, 4, 97)

Wie gebannt schildert Roth eineinhalb Jahre später die Beerdigung Eberts als düsteren Abschied von der Republik. Die Ähnlichkeit mit den Beschreibungen des Begräbnisses Kaiser Franz Josefs im Spätwerk sind augenfällig: „Am Morgen war die Wilhelmstraße von Menschen gefüllt. Nicht belebt. Denn eine düstere Stimmung war über ihnen, selbst dort, wo keine Trauer war. Die Wilhelmstraße ist abgesperrt. Steil, schwarz, erstarrte Wächter, stehen Obeliske vor dem Eingang zum umfriedeten Teil; exotische Ornamente, aus der Ferne herbeigeholt und in den Asphalt gepflanzt." (GW, 4, 99)

Daß Ludendorffs rechte Hand, Hindenburg, zu Eberts Nachfolger gewählt wurde, muß Roths Ansicht von Deutschland bestätigt haben. In Ebert jedenfalls sah er so etwas wie den letzten aufrechten Republikaner, dem er, ungeachtet seiner Durchschnittlichkeit, Respekt zollt.

Fast noch aufschlußreicher ist vielleicht die nahezu vorbehaltlose Sympathie, die Roth unter Hintanstellung seiner sonstigen Haßliebe gegenüber dem Bildungsbürgertum für Walter Rathenau aufzubringen vermag. Roths Porträt des ermordeten deutschen Außenministers stellt ein grelles Gegenbild zu Robert Musils Figur des preußischen Juden Arnheim dar, dessen historisches Vorbild zweifelsohne Rathenau ist.

Erscheint Rathenau alias Arnheim in Musils ‚Mann ohne Eigenschaften' als einer, der von Seele spricht und stets nur Geld meint, eine Porträtierung, in der durchaus nicht unverfängliche Ressentiments mitschwingen, so hat Roth seinen politischen Helden übergroß ausgemalt. Ein „friedlicher Feldherr des Geistes", der Antike, Judentum und Urchristentum zu vereinigen sucht und rührend um die Bildung seines Dieners bemüht ist, ein höflicher, warmherziger Mensch steht da vor uns, der Politiker, Schriftsteller und humaner Mensch in einem ist; Roth wird nicht müde, dieses wunderbare Leben mit Büchern zu preisen: „Er war ein Christ; ihr findet keinen

Besseren." (GW, 4, 117) Eine Eloge wird da angestimmt, und der für Roth so kennzeichnende skeptische Duktus schlägt unversehens in unkritische Bewunderung um. Roth läßt sich vom eigenen Wunsch-Bild fortreißen. Was er überzeichnet an Rathenau, das ist utopischer Überschuß, die Vision einer gelungenen Republik und eines ihrer Repräsentanten.

Zum Republikanismus Roths gehören auch sein forcierter Antinationalismus, der insbesondere in seinen Reportagen über Oberschlesien und Westungarn (das heutige Burgenland), aber auch in seinen Berichten über den russisch-polnischen Krieg unübersehbar ist, und ein unbeirrbarer Pazifismus, der, aus den Erfahrungen des ersten Weltkriegs herrührend, auch in den späteren, den Soldaten der K. und K. Monarchie eher verklärenden Werken noch anklingt.

Ausgeprägt ist auch eine tiefsitzende Abneigung gegen die moderne Industrie und ihre Begleiterscheinungen. Sein bissig-trauriger Essay ‚Der Merseburger Zauberspruch', eine vehemente Attacke gegen die chemische Industrie und die in der Nähe des durch die mittelalterlichen Zaubersprüche bekannt gewordenen Städtchens errichteten Leuna-Werke, führte zu einer regelrechten Redaktionskrise in der ‚Frankfurter Zeitung'.

Für Roth war es ein böser Zauber, der auf dem alten Deutschland (nicht bloß auf Merseburg) lastete. Die innere Abkehr von einem Land, das ihm nie zur Heimat geworden war (schon gar nicht in Berlin), vollzieht sich bereits in den zwanziger Jahren. Im Nachhinein lassen sich seine deutschen Reisebilder durchaus als Abschiedsbriefe lesen, und womöglich besteht zwischen dem Tod Eberts und Roths Aufbruch nach Paris, das über Jahre seine Wahlheimat wurde, ein innerer (wenn auch kein unmittelbarer) Zusammenhang. Die an Benno Reifenberg und Bernhard von Brentano, die Freunde in der ‚Frankfurter Zeitung', gerichteten Briefe legen Zeugnis von der zunehmenden Enttäuschung ab: schon sehr früh hat Roth die deutsche Demokratie für verloren gehalten, nicht nur weil sie zu wenig Demokraten besaß, sondern weil ihr auch die innere Anziehungskraft fehlte.

Angesichts dieser Einschätzung kommt Roth nach einer Phase überschwenglicher Begeisterung für Frankreich zu einer Neubewertung der Habsburger Monarchie und der ihr zugrundeliegenden Reichsidee. Diese Rückbesinnung läßt sich nicht allein biographisch auf die Herkunft Roths zurückführen, wie sehr auch diese dabei eine wichtige Rolle gespielt haben mag, sondern ist aus der permanenten deutschen Identitätskrise entstanden, wie es Roths ‚Bekenntnis zu Deutschland', das jenes zu Österreich vorwegnimmt und eigentlich schon einschließt, thematisiert. Darin wird ein enger Zusammenhang zwischen „der nationalen Lautheit der einen und der nationalen Stummheit der anderen" konstatiert.

Die Lautstärke übertönt die Verlegenheit: denn eigentlich steht der Nationalismus der Deutschen in einem grellen Gegensatz zu ihrer geographischen und historischen Situation „in der Mitte", „zwischen Ost und West, Nord und Süd." (GW, 3, 705) Sich zu Deutschland zu bekennen, das heißt für Roth jedwedem Nationalismus und Partikularismus eine Absage zu erteilen: „Zu diesem Schnee, zu diesem Regen und zu diesem Vaterland sich bekennen heißt: eine europäische, eine kosmopolitische, eine große Gesinnung bekennen." (GW, 3, 706)

Deutscher Nationalismus stellt für Roth also eine contradictio in adjecto dar, widerspricht er doch der Eigenart eines Landes, das stets Schnittpunkt vielfältiger kultureller und ethnischer Einflüsse war und ist. Für diese Rückbesinnung steht im Rothschen Spätwerk – also seit ‚Radetzkymarsch' – die habsburgische Universalidee als historisches Wegzeichen: die Abkehr von einem preußisch verengten, nationalistisch getönten Deutschland und die Hinwendung zum ‚alten Österreich' bedingen sich wechselseitig.

Sehr viel weniger eindeutig als Roths Einschätzung der deutschen Geschichte und der Weimarer Republik ist sein Urteil über das revolutionäre Rußland, das auch ins literarische Werk Eingang gefunden hat. Was Roth, wie schon erwähnt, vorgeschwebt haben mochte, das war ein authentisch östlicher Sozialismus, ein eigener Weg zu einer solidarischen Gesellschaft, die sich nicht dem Geld, der Industrie und dem blanken Kalkül des Materialismus verschreibt, eine romantische Revolution jener vielbeschworenen Seele, der sich Roth innerlich verbunden fühlte. Seine revolutionären Neigungen sind also eher slawophil im Sinne der Sozialrevolutionäre; der ‚westliche' Bolschewismus mußte auf ihn befremdlich wirken: er war nicht, wie so viele westliche Intellektuelle vom Verlauf der kommunistischen Umwälzung, vom Verrat ihrer Ideale enttäuscht, sondern von ihrem ideellen Ausgangspunkt: der Bolschewismus ist für Roth lediglich die andere Seite von Amerika.

Roth möchte es sich gleichwohl in der Beurteilung nicht leicht machen und insbesondere die Clichés, die man sich im Westen über Rußland – die Menschen wie die Revolution – macht, widerlegen. Vermutlich ist das auch der Grund, warum seine Rußland-Serie im Feuilleton der ‚Frankfurter Zeitung' mit der Schilderung russischer Emigranten, die das Bild des östlichen Nachbarlandes nachhaltig beeinflussen, beginnt, wachsen doch diese Menschen gleichsam in jene Rolle hinein, die ihnen der West- und Mitteleuropäer zuweist.

Roth hingegen möchte sich, wie er der Redaktion in einem Brief vom 2. Juni 1926 mitteilt, ein ungeschminktes und unsentimentales Bild von der Revolution machen und empfiehlt sich als landeskundiger Experte, der nicht wie so viele linksintellektuelle Kollegen auf den Kommunismus hereinfalle. Man darf freilich nicht die strategische Absicht des Briefes außer Acht lassen: um die Reise nach Rußland und den damit verbundenen Auftrag bewilligt zu bekommen, scheint es ihm angebracht, seine skeptische Haltung gegenüber dem Kommunismus darzulegen: „Ich möchte aber nicht, daß Sie, auch wenn Sie es mir nicht übelnehmen, von mir glauben, ich neigte infolge meiner spezifischen Begabung, gewisse Institutionen, Sitten und Gebräuche der bürgerlichen Welt ironisch zu behandeln, zur Anerkennung der zweifelhaften Erfolge der russischen Revolution." (B, 91)

Schon vor seiner Abreise diagnostiziert er in Rußland eine „furchtbare Existenz von Spießproleten" und gibt sich als ein religiöser Mensch zu erkennen, dessen „Verhältnis zum Katholizismus und zur Kirche von einer verblüffend andern Art ist", als man gemeinhin annehme. Der revolutionäre Atheismus des Sowjetregimes ist auch einer der Punkte, den Roth in seinen Berichten ausführlich und überaus ablehnend behandelt. Das Bild, das Roth in den insgesamt siebzehn Feuilletons (hinzu kommen noch einige unveröffentlichte Artikel sowie die Briefe an Freunde) von dem revolutionären Experiment entwirft, ist widersprüchlich. Auffallend ist gerade bei dem ironischen Polemiker Roth das Bemühen um ein gerechtes Urteil und der sachliche Ton. Erst in den Monaten nach der Reise scheint sich eine negative Ansicht der Dinge verfestigt zu haben, wobei die innere Entwicklung in Rußland in den Jahren 1925–1927, der Sieg Stalins, eine nicht unmaßgebliche Rolle gespielt haben dürfte.

Als größtes Verdienst wertet der zeitgeschichtliche Berichterstatter nicht die vermeintlich sozialistischen Errungenschaften. Das Problem der russischen Revolution sei, so schreibt er an Brentano, keineswegs ein politisches, sondern „ein kulturelles, ein geistiges, ein religiöses, ein metaphysisches." Roth verdeutlicht das mit einer skurrilen Graphik, die etwa besagt: zuerst sprach ich über Rußland. Nun spricht Rußland über sich und damit auch zu ihm.

Als kulturelle Leistung empfindet er vor allem die Befreiung der Bauern, die Zivilisierung des Landes (des Raumes, den Roth wohl aus eigener Anschauung kannte) und die Autonomie der unzähligen Nationalitäten. Sehr ambivalent schildert er die Bildungsbemühungen, die der Überwindung des Analphabetismus gelten und die zugleich das kulturelle Mittelmaß fördern. Kritisiert wird die Einförmigkeit des Pressewesens in der proletarischen Diktatur, die aber ganz dezidiert von der reaktionären eines Mussolini abgehoben wird. Spätestens seit der Neuen Ökonomischen Politik vollzieht sich nach Ansicht von Roth ein westlicher Zivilisationsschub, der ein wenig sympathisches Neubürgertum hochschwemmt: „Die Revolution war ein verschwenderischer Aufwand der Geschichte", um – so Roth in seinem elften Bericht, der den bezeichnenden Titel ‚Rußland geht nach Amerika' trägt – „die geistige Physiognomie der russischen Masse jener der westeuropäischen wenigstens ähnlich zu machen." (GW, 3, 971) Und die Straßen selbst der ältesten russischen Städte erinnern an die jungen Metropolen der „amerikanischen Westkolonien".

Roth lehnt die russische Revolution nicht so sehr deswegen ab, weil sie diktatorisch und somit undemokratisch, sondern weil sie zu westlich, zu amerikanisch ist. Sie beschleunigt nicht zuletzt einen Zivilisationsprozeß, der alle kulturellen und ethnischen Unterschiede einebnet. Das ist für den regionalistischen Universalisten Roth ein schwerwiegender Einwand. Anders als für die meisten Revolutionstouristen sind für ihn Religion und Sexualmoral – etwa im Vergleich zu Ökonomie und Politik – jene Bereiche, in denen die deutlichsten Veränderungen sichtbar werden. Hart gebrandmarkt werden mehrmals die grobe atheistisch-materialistische Propaganda und ein Menschenbild, das Roth polemisch so beschreibt: „Die Menschen sind so stolz darauf, mit dem Pithekanthropus verwandt zu sein, als hätten sie eine Erbschaft von ihm zu erwarten und als hätten wir dieses Erbe nicht schon längst aufgezehrt." (GW, 3, 979) Und an anderer Stelle heißt es schneidend: „Wir sind alle Säugetiere. Von den vierfüßigen unterscheiden wir uns durch die sexuelle Aufklärung." (GW, 3, 975)

Was Roth irritiert und zweilen anwidert, das ist ein gläubiger Rationalismus, eine emphatisch betriebene Nüchternheit: „dieser Wunsch nach stummen Glocken". Das Erotische wird durch das Soziale, die Liebe durch die Hygiene, das Privatleben durch die Kinderheime ersetzt. Erotische Kultur gilt als dekadent: das Verhältnis von Mann und Frau wird „demonstrativ einfach" geregelt. Das aber scheint einem Romantiker wie Roth so verhängnisvoll wie der neue Aberglauben, der mit Traktoren, Elektrizität und Maschinen einhergeht. Innerstes Ziel dieser Revolution wäre demnach entfesselte Technik und eine so naive wie langweilige menschliche Existenz. Indirekt greift Roth also bei seiner Wertung auf den alten Gegensatz von Westlern und Slawophilen zurück, der im 19. Jahrhundert Rußland beherrscht hatte: die russische Revolution entpuppt sich als ein Sieg des Westens, als eine gegen russische Gewohnheiten und Strukturen gerichtete Erneuerungsbewegung. Gegenüber den anarchistisch inspirierten Sozialrevolutionären nehmen sich noch die kühnsten Bolschewiken – Lenin, Trotzki oder Radek – wie brave Bürger aus, und am Ende werden die russischen „Raffkes“ – gemeint sind die durch die Neue Ökonomische Politik hochgekommenen Schichten – den Sieg davontragen und mit ihnen die sachliche Spießbürgermoral, die Roth an Deutschland so grenzenlos verachtete. „Diese Straße führt direkt nach New York“, kommentiert Roth melancholisch: „Ich gestehe beschämt, daß mich manchmal in diesen Straßen eine ganz bestimmte Trauer befällt. Mitten in der Bewunderung für eine Welt, die aus eigener Kraft, mit mehr Ekstase als Material, ohne Geld und ohne Freunde, Zeitungen druckt, Bücher schreibt, Maschinen baut und Fabriken, Kanäle gräbt, nachdem sie kaum noch ihre Toten bestattet hat – mitten in der Bewunderung ergreift mich ein Heimweh nach unserem Leichtsinn und unserer Verwerflichkeit, eine Sehnsucht nach dem Aroma der Zivilisation, ein süßer Schmerz an unsere wissenschaftlich schon ausgemachte Dekadenz, ein kindischer, dummer, aber inbrünstiger Wunsch, noch einmal eine Modeschau bei Moulineux zu sehen, ein holdseliges Abendkleid auf einem törichten Mädchen, eine Nummer von ‚Sourire‘ und den ganzen Untergang des Abendlandes: wahrscheinlich ist das ein bourgeoiser Atavismus.“ (GW, 3, 966)

Von dieser Atmosphäre zwischen „Heimweh“, Zivilisationskritik und östlicher Anarchie lebt auch jener Roman, der unmittelbar nach der Reise entstand: ‚Die Flucht ohne Ende‘. An Brentano schreibt Roth über die einschneidende Bedeutung der Rußlandfahrt: „Es ist ein Glück, daß ich nach Rußland gefahren bin. Ich hätte mich niemals kennengelernt. Endlich habe ich auch das Buch-Thema gefunden, das ich allein schreiben kann ...“

Wie sein Autor so trifft auch Tunda am Ende seiner Odyssee in Paris ein, voll Skepsis, voll Heimweh nach einem romantischen Untergang.

7. Die Rettung eines Bildes

Mit Roths ‚Radetzkymarsch' hat man – entgegen der landläufigen Lesart – keine literarische Historiographie des „im Meer der Zeiten" versunkenen Reiches vor Augen. Wie Claudio Magris feststellt, hat man in Roths ‚klassischem' Roman ein utopisches Moment vor sich, wie es zumeist in den imaginären Überformungen der Vergangenheit enthalten ist: Das Märchen, das den Tod der alten Welt erzählt, schildert zugleich eine zukünftige, die die Wiederkehr der alten ist.

So entpuppt sich der tapfere Leutnant Trotta bei näherem Hinsehen als ein Wunschbild. Wenn der junge Offizier zu Anfang des Romanes das Leben des Kaisers rettet, so spiegelt sich darin nicht bloß ein heimlicher, verspäteter Kindheitswunsch, vielmehr steht die dramatische Aktion sinnbildlich für die gestalterische Absicht Roths: so wie der unbekannte, namenlose slowenische Leutnant in der unglücklich verlaufenen Schlacht von Solferino durch seine mutige Tat den Kaiser vor dem sicheren Tod bewahrt, so rettet der Autor das Bild des Kaisers, das als viuselles Medium das Gefüge des Reiches repräsentiert und in seiner symbolischen Kraft den hierarchischen Zusammenhalt gewährleistet.

Wenn der Roman mit der Schlacht von Solferino einsetzt, dann charakterisiert dies auch die Situation. Denn dieser Kaiser, der später zu seinem eigenen Bild geworden ist, Legende und Monument zu Lebzeiten, ein Regent, der nicht zu sterben scheint, lebt von den Schlägen, die das historische Schicksal für ihn bereithält. Die militärische Niederlage von 1859 steht dabei am Anfang einer langen Kette unglückseliger Verquikkungen. Deshalb beginnt sein monarchisches Eigenleben im Roman nicht mit der Inthronisation im Gefolge der gescheiterten Revolution 1848. So läßt sich die Geschichte des Kaisers für Roth nicht erzählen: Wer 1848 beginnt, der bearbeitet einen anderen Mythos, an dem Roth wie so vielen Österreichern wenig gelegen ist: jenem der gescheiterten bürgerlichen Revolution.

Das Bild des Kaisers, die Macht des Todes und das Motiv einer sich wiederholenden gnädigen Errettung bilden das eigentliche Zentrum des Romanes, dem alle Protagonisten unterworfen sind: der in den Adelsstand erhobene Monarchen-Retter, der sich mehr und mehr der angestammten slowenischen Heimat entfremdet, sein Sohn, der österreichische Spartaner und Kultivateur einer geregelten Langeweile, zugleich Personifikation einer gleichsam ‚geschichtslosen' Zeit, und schließlich der Enkel Carl Joseph, das schwächste Glied in der familiären Kette gelähmtes Gegenbild zum Großvater: einer, der sich treiben läßt und am Ende sich und die Welt ruiniert. War der Großvater noch der Retter des in Schönbrunn residierenden Kaisers gewesen, so muß der Enkel mehrmals durch die Gnade des Vaters, des leiblichen wie des kaiserlichen, vor Unheil bewahrt werden. Der Roman endet wie er begann: auf dem Schlachtfeld. Diesmal ist es der erste Weltkrieg. Eines seiner ersten Opfer ist der Enkel des Helden von Solferino.

‚Radetzkymarsch' ist die Geschichte eines verblassenden Glanzes, die sich bis in die Physiognomie der Familie Trotta fortsetzt. Unübersehbar zeigt sich hier der Einfluß des Werkes Max Picards, dem Roth auch wichtige Anregungen im Hinblick auf die eigene kulturkritische Position verdankt. Dieser hatte nämlich in seinem Buch „Menschengesicht" darauf hingewiesen, wie sich die Eigenart von Gesichtszügen von Generation zu Generation abzuschwächen vermag. Roth merkt dazu an: „Erschüttert stellte ich fest, daß dieser nicht die Züge von jenem trug, sondern die Schatten der Züge, als wäre der Enkel nicht der Nachfahr, sondern der Schatten seines Ahnen." (GW, 4, 373)

Dieser Dramaturgie eines Todes auf Raten folgt der architektonisch überaus geschickt angelegte Roman. So beginnt der erste Teil mit der Rettung des Kaisers und er endet mit dem eher schmählichen Duell zwischen Rittmeister Tattenbach und seinem Freund Max Demant, infolge dessen der jüdische Regimentsarzt sein Leben einbüßt und der Enkel des glorreichen Leutnants von anno 1859 strafversetzt wird; der unehrenhaften Entlassung entgeht er nur dank der Intervention des Vaters beim Kaiser, dessen Gnade sich vom Großvater auf den Enkel überträgt, damit der Name seines Retters nicht in Mitleidenschaft gezogen wird.

Was dem jungen Offizier bleibt, sind die Bilder des im Duell gefallenen Freundes, des Kaisers, des Großvaters. Schon an dieser Stelle des Romanes wird das Bild des Kaisers (sowie dessen Erretters) zur übermächtigen Instanz, der der Enkel nicht gewachsen ist: „Ich hab ihn [den Großvater, d. Vf.] nicht vergessen." (GW, 2, 167) Und danach wird er zu seinem Vater sagen: „... an das Bild hab ich immer gedacht. Ich bin nicht stark genug für dieses Bild. Ich kann die Toten nicht vergessen." (GW, 2, 167)

Immer wieder verstrickt sich Carl Joseph von Trotta in Situationen, denen er nicht gewachsen ist und die den Ruhm der Familie untergraben, angefangen von der unrühmlichen Affäre mit der Wachtmeistersfrau Slama, die für die ältere Geliebte tödlich endet, über die undurchsichtige Liaison mit Eva, der Frau seines Freundes Max Demant, bis zu den verheerenden Spielschulden, die gleich eine zweimalige fürsorgliche Intervention des Kaisers erforderlich machen. Gerade während solcher krisenhaft sich zuspitzenden Konflikte tauchen die Porträts des Großvaters und des Kaisers in seinem Inneren als mahnende Vorbilder auf.

Romantischer Poetologie entsprechend entfalten die Bilder ihre Macht vermöge ihrer Ferne, nicht ihrer illusionären Nähe zum Abgebildeten. Der lebende Großvater erzeugte weniger Schrecken als jener, der posthum im Bild fortlebt und den Enkel vorwurfsvoll anzublicken scheint. Die Macht des Großvaters über den Enkel (wie auch den Sohn) beruht auf einer Präsenz, die zugleich leibhaftige Absenz bedeutet. Er bleibt gegenwärtig, weil er zum Monument der Vergangenheit erstarrt ist.

Dieses Motiv eines imaginären, zum Bild kristallisierten

Über-Ich, prägt auch die in der Emigration geschriebene (zunächst nur in französischer Übersetzung erschienene) Erzählung ‚Die Büste des Kaisers': Für die Bewohner des galizischen Fleckchens Lopatyny existiert der Kaiser lediglich als Märchenfigur (übrigens ein Motiv, das Roth in komödiantischer Absicht in ‚Die Geschichte von der 1002 Nacht' verwendet hat). Die räumliche Entfernung wird geradezu zur wichtigsten Eigenschaft des Monarchen. Die Identifikation mit ihm und der durch ihn verkörperten Ordnung vollzieht sich mittels der Bilder und Insignien seines Reiches: Kaiserporträts, Fahnen, Farbe, Uniformen, Bahnhöfe, Backenbärte.

Der Besuch des Regenten, ein Kaiser-Manöver, hinterläßt Spuren. Zurück bleiben die Bilder, so eine „Büste" des nur für Momente anwesenden Kaisers. Als das Reich und sein Monarch bereits untergegangen sind, steht diese Büste noch vor dem Schloß des Habsburg-treuen Grafen Morstin, der damit ein ähnliches Zeichen setzt wie Roth mit seinen poetischen ‚Aktionen'.

Die unzeitgemäße Demonstration des Grafen für seinen Kaiser bringt diesen in nicht unbeträchtliche Schwierigkeiten mit den politischen Statthaltern einer neuen historischen Realität. Von den Beamten des polnischen Staates bedrängt, verfällt der Graf, der stets „vor seinem allerhöchsten Kriegsherrn, vor der Büste des Kaisers Franz Joseph, salutierte" auf den so aberwitzigen wie würdigen Gedanken, diese „mit aller Feierlichkeit und Ehrfurcht, die einem toten Kaiser gebühren, von heute in drei Tagen auf dem Friedhof zu bestatten." Was denn auch geschieht, unter lebhafter Anteilnahme des Dorfes: „Man mußte die alte Welt begraben. Aber man mußte sie würdig begraben." (GW, 3, 190)

Es ist nicht leicht auszumachen, wie ernst es Roth, dem Autor, mit derlei Arrangements, mit dem „Begräbnis" der Monarchie, ist. Der Eindruck ist nicht ganz unbegründet, daß schon in ‚Die Büste des Kaisers' die Statue des Monarchen „würdig" begraben wird, damit sein *Bild* überlebt. Das gilt ganz besonders für Franz Trotta in ‚Die Kapuzinergruft', wenn er am Ende des Romanes die Kaisergruft besucht.

Die historische Bewegung, die Roth *mit* seinen Figuren vollzieht, diese permanente Beerdigung der Monarchie, steht in unübersehbaren Gegensatz zu einer Philosophie die die Weltgeschichte noch als Weltgericht akzeptiert hatte; nach dieser Anschauung hatte die Geschichte durch ihren Verlauf noch selbst das Urteil über die Vergangenheit gesprochen. Einer derartigen Auffassung widerstreiten sämtliche Romane Roths, wobei es ihm sehr viel mehr um einen moralischen Einspruch als um eine faktische Revision geht. Am Ende der Erzählung reist Graf Morstin, ein rastloser Wanderer wie fast alle Rothschen Helden, ab. Das symbolisiert auch den Abstand, aus dem heraus jene Revision der Weltgeschichte, die Rettung des Bildes der Habsburger Monarchie, möglich ist.

In seinen Aufsätzen verschweigt Roth niemals die Gebrechen des francojosephinischen Kaiserreiches, ohne doch von der übernationalen Reichsidee, für die das Bild des Kaisers, der der Kaiser aller habsburgischen Völker war, steht, abzurücken. Die Zertrümmerung des alten Österreich sei ein „Mißverständnis", ein Betriebsunfall gewesen: denn Österreich sei eigentlich kein deutscher Staat, sondern ein Staat sui generis, ein historisch gewachsenes Gemeinwesen mit einem kosmopolitischen Geist, Brücke zum Osten nicht nur Europas. Schon in der Politik vieler Deutsch-Österreicher (und Ungarn) vor 1914 sieht er einen Verrat an den Grundsätzen dieses Gemeinwesens, das eben nur mehr durch die Gestalt Franz Josephs erhalten bleibt, des Kaisers seiner „Kindheit": „Aber in der Erinnerung, in der das Große klein und das Geringe mächtig werden kann, identifiziert sich der kleine Teil einer Kindheit mit einem kolossalen Reich ..." (GW, 4, 709)

Indem die Erinnerung das historische Geschehen verformt und in den Proportionen verändert, bereitet sie den Boden, auf dem der Mythos zu wachsen und zu gedeihen vermag. Weit entfernt, die Fälschungen der Erinnerung aufklärerisch aufzudecken, erblickt Roth in dieser perspektivischen Verschiebung so etwas wie einen Trost. Indem er den „kleinen Teil einer Kindheit" zum biographischen Ausgangspunkt nimmt, benennt er auch den Ort, der den Anfang seiner historischen Phantasien bildet: Das Kleine erweitert sich vermittels der Identifikation mit dem Großen und behält doch seine eigenen Proportionen. Ohne diese Überlegung bleibt Roths Faible für universale Größe unverständlich.

Eine solche Sichtweise der Dinge ist bereits in den zwanziger Jahren vorbereitet, wie eine Passage aus dem nachgelassenen Roman ‚Der stumme Prophet' belegt. Hier scheint Friedrich Kargan, der Hauptfigur, der Vater seiner Geliebten Hilde, ein eingefleischter Altösterreicher, nach dem Ende der Monarchie würdiger als zu deren Zeiten selbst, etwa wenn er gegenüber dem resignierten Revolutionär erklärt: „Es ist viel geschehen inzwischen. Und doch kommt mir vor, daß wir alles schon vorher gewußt haben. Ich habe Jahr für Jahr mit eigenen Augen zusehn können, wie der Staat sich auflöst, die Menschen gleichgültiger werden. Aber auch gehässiger', ja gehässiger', fügte er hinzu. Er sagte es mit der Nachsicht des Jenseitigen. Wir haben Witze gemacht, wir haben alle dazu gelacht', fuhr er fort, 'ich habe mir selbst ein paar vorzuwerfen. Glauben Sie mir, daß Witze allein genügen, einen alten Staat zugrunde zu richten. Alle Völker haben gespottet. Und doch war zu meinen Zeiten, als der Mensch noch wichtiger war als seine Nationalität, die Möglichkeit vorhanden, aus der Monarchie eine Heimat aller zu machen. Sie hätte das kleinere Vorbild einer großen zukünftigen Welt sein können und zugleich die letzte Erinnerung an eine große Epoche Europas, in der Norden und Süden verbunden gewesen wären. Es ist vorbei', schloß Herr von Maerker mit einer leichten Handbewegung, mit der er den letzten Rest seiner Erinnerung endgültig zu vertreiben schien." (GW, 1, 839)

Selbstkritik und Verwerfung der eigenen, als leichtsinnig empfundenen Jugend, die die in diesem Zitat vorgeführten Werte nicht zu erkennen imstande war, kennzeichnen den späten Roman ‚Die Kapuzinergruft', Fortsetzung von ‚Radetzkymarsch' unter verschobenem Blickwinkel. In diesem Prosawerk, Klage und Selbstanklage zugleich, geht die Distanz, wie sie im ersten Habsburg-Roman zwischen dem Autor und dem schwachen Enkel des Helden von Solferino feststellbar ist, unweigerlich verloren. Dieser Franz Trotta, der den Vornamen von Roths neusachlichem Melancholiker Tunda (‚Die Flucht ohne Ende') und den Familiennamen eben der uns schon bekannten kakanischen Familie Trotta führt, ist ein einsamer Verzweifelter, ein enttäuschter konservativer Revolutionär ohne Aussicht auf historischen Erfolg. Man schreibt – am Ende des Romans – das Jahr 1938. Es gibt nicht mehr viel auszurichten. Dieser Trotta, aus der Seitenlinie des ruhmreichen Geschlechts, pilgert noch zur Grabstätte seines toten Kaisers und verläßt nach einer langen Nacht in seinem Stammcafé das Land, das einmal eher seine geistige als leibliche Heimat gewesen ist.

Die Versuchung liegt nahe, die in Roths Oeuvre nahezu ständig anwesende Todessehnsucht, seine Vorliebe für Szenen und Tableaus, die Tod, Untergang und Jenseitsstimmung zum Inhalt haben, als Ausdruck eines gesellschaftskritischen Befundes zu deuten, etwa als kritische Betrachtung einer in Auflösung begriffenen Ordnung. Dem steht die Intention des Autors entgegen. Roths ausgeprägte Nekrophilie, seine Affinität für fixierte Bilder, für Paraden und Begräbnisse ist von dem Pathos getragen, daß sich die Wahrheit einer Sache erst an derem Ende enthüllt. Der Witz der Zeitgenossen zerstört die Distanz zum Staat und seine Aura. Das gilt für Ebert und die Weimarer Republik ebenso wie für das Kaiserreich Franz Josephs. Sie gewinnen an Statur, weil sie beide einsam und verloren sind. Überspitzt läßt sich für Roths Sicht der Dinge behaupten: der tote Kaiser ist der beste Kaiser, und das erstrebenswerteste Reich ist das unwiderbringlich untergegangene. Dahinter verbirgt sich die Tragik, daß gerechte Anerkennung immer erst im Nachhinein möglich scheint. So besehen ist Roth tatsächlich ein Konservativer par excellence: die alte Welt geht zugrunde, weil keine Zeit blieb, ihren Wert zu erkennen. Indem sie der Zerstörung preisgegeben wird, tritt zutage, was erhaltenswert an ihr war.

Die Dominanz festgefügter Bilder und die Allgegenwart des Todes verschränken sich bei Roth auch auf der ästhetischen und kompositorischen Ebene. Die Bilder überdauern den Tod des einzelnen. Unverrückbaren Markierungen gleich haben sie über Generationen hinweg Bestand, indem sie in das kollektive psychische Geschehen der Menschen eingreifen und es lenken. Diese Wirkung verdanken die großen symbolischen Bilder, Legenden und Mythen nicht so sehr ihren mimetischen Eigenschaften (vielmehr wird die betreffende Person, die in ihnen vorkommt, gleichsam darunter begraben), sondern ihrer symbolischen Qualität: sie formulieren in imaginärer Weise die Bedürfnisse nach einer väterlich schützenden Ordnung.

Die ständige Gegenwart des Todes und die Allmacht des väterlich-kaiserlichen Bildes verdichten sich, schon in ‚Radetzkymarsch', auf eigenartige Weise: in der Lebenswelt der Trottas bleibt das Weibliche, gewissermaßen die Instanz des Lebens, ausgespart. Wie die Welt des in sich gekehrten Kaisers so ist auch jene der Trottas gestaltet, streng patriarchalisch, ohne Frauen, ohne das Spiel der Kinder. Feminines tritt zumeist nur in Gestalt verführerischer, zuweilen auch mütterlich verblühter Geliebter auf, die den Lebensweg des jungen Trotta eher verhängnisvoll kreuzen. Ansonsten stellt sich die Welt im Roman auf unheimliche Weise einseitig, gleichmütig und spannungslos dar, traurig und todgeweiht. So meint Chojnicki, Roths adliges Faktotum in beiden Habsburg-Romanen, zu dem von ihm väterlich umsorgten Carl Joseph von Trotta: „Die Welt, in der es sich noch lohnte zu leben, war zum Untergang verurteilt. Die Welt, die ihr folgen sollte, verdiente keinen anständigen Bewohner mehr. Es hatte also keinen Sinn, dauerhaft zu lieben, zu heiraten und etwa Nachkommen zu zeugen." (GW, 2, 186)

Diese Äußerung, fast am Ende von ‚Radetzkymarsch', wirft Licht nicht nur auf die seelische Physiognomie Chojnickis, sondern auch auf die der Trottas, der sozusagen besten Repräsentanten dieses Universalreiches. Wo der Tod nahe scheint, büßt das Leben seinen Reiz ein, vor allem dann, wenn es sich um ein schleichendes, ein unbestimmtes Ende handelt. Verfall und drohende Katastrophe bringen womöglich unterschiedliche Lebensstile hervor.

Selbstverständlich ist das von Roth geschaffene Bild einer

ihrem Untergang entgegentaumelnden Weltordnung eine nachträgliche Sinngebung, die keineswegs mit der realen Stimmung der Zeitgenossen zusammenfallen muß. Wahrscheinlich ist Stefan Zweig, der ältere Zeitgenosse der letzten Epoche der österreichischen Monarchie, der Wahrheit viel näher gekommen, als er sie als eine Welt der Sicherheit und des Friedens beschrieb, die den Gedanken an Krieg und Untergang weit von sich fortgeschoben hatte. Darüber hinaus provoziert schon ‚Radetzkymarsch' die Frage, warum eine derartig freudlose Welt über ein beträchtliches utopisches Reservoir verfügen sollte. Marxistische Interpreten wie Lukács und Weiskopf haben diesen Widerspruch dadurch eingeebnet, daß sie dem Roman eine durchgängig gesellschaftskritische Deutung unterlegten, was indes wenig mit den manifesten Äußerungen der Protagonisten im Roman übereinstimmt.

Unübersehbar ist freilich – und insofern erscheint die gesellschaftskritische Perspektive legitim – das Bild der Greisenhaftigkeit und der Verödung, das uns im Roman begegnet. Die Langeweile des tüchtigen Bezirkshauptmanns Trotta korrespondiert mit der Leere des Kasernenlebens, dem der Sohn – Ironie des Romans – kurz vor Ausbruch des ersten Weltkrieges zu entrinnen trachtet. Seltsam mutet auch an, wie die Menschen in Roths Monarchie vor der Zeit altern. So verschmilzt der um Jahrzehnte jüngere Bezirkshauptmann zuguterletzt mit dem Kaiser, seinem Dienstherrn.

Leibhaftig tritt der Kaiser im Roman erst zu einem Zeitpunkt auf, als er, ein Toter unter den Lebenden, dem Tode schon nahe ist. Er weiß auch, daß sein Tod der des Reiches sein wird, das er so lang repräsentierte. Als lebende Standbilder begegnen sich der Kaiser und sein getreuer Untertan aus dem ruhmreichen Geschlecht der Trottas, sein Ebenbild in der Gestalt eines Bezirkshauptmanns. Diese beiden – nicht der Held von Solferino oder sein mürber Enkel – bilden das eigentliche Zentrum der Handlung. ‚Radetzkymarsch' ist die Geschichte eines unheimlichen und ungeselligen Totenreiches und die Militärmusik Nechwals, die jeden Sonntag in dem Bezirksstädtchen ertönt, ist sein unaufhörlicher Grabgesang.

Gerade in diesem Roman erweist sich Roth trotz aller trotzig-konservativen Gebärden als ein in den Tod verliebter Decadent, der sich magisch angezogen fühlt von den Szenarien einer zu Ende gehenden Zeit, in der das imaginäre Skelett der alten Ordnung sichtbar zutage tritt: die Rituale zwischen Herr und Diener, der Ehrenkodex der Offiziere, die respektvolle Distanz zwischen Vater und Sohn, Rituale, die lebendige, spontane Beziehungen der Menschen verhindern und zugleich ‚Würde' ausstrahlen. Roth ist für die alte Ordnung, aber er läßt sich dadurch nicht den Blick trüben, was durch die ‚Würde' verschüttet wird. Das gilt nicht zuletzt auch für die im Grunde sterilen Beziehungen, die Carl Joseph zu seinen Geliebten unterhält. Glaubwürdiger und überzeugender als in den beiden Romanen, die gleichwohl, schon wegen ihrer psychohistorischen Symbolik und Emblematik ihren literarischen Wert behalten, gelingt es Roth, die Bedeutung des Habsburg-Mythos in seinen essayistischen Texten vorzuführen. Noch zu einer Zeit, als er der republikanischen Staatsidee nahesteht, betont er die alte universale Tradition zunächst Deutschlands, zunehmend aber der casa di austria. Demgegenüber tritt der revolutionäre Mythos, der sich auf die Erhebung von 1789 und 1848 beruft, spürbar zurück, weil dieser mit dem Nationalgedanken einhergeht, den Roth schon sehr früh vehement ablehnt.

Die alte römisch-deutsche Staatsidee, die im ausgehenden Mittelalter sich auf das Haus Habsburg übertrug, wiegt für Roth schwerer. Ihre Vorzüge liegen insgesamt in der Kontinuität, in der gelungenen Verbindung von Vergangenheit und Zukunft. Gegen den Strich gelesen läßt sich die Monarchie auch als überaus aktuell verstehen, sozusagen als Metakritik der Moderne, als möglicher Ort von Vielfalt und Multinationalität, der friedliches Nebeneinander, regionale Verschiedenheit, Noblesse und Einsicht in große historische Zusammenhänge gestattet, als eine Gegenwelt zu Nationalismus und neusachlichem Funktionalismus, die beide den Menschen zum reinen Anhängsel machen (während die militärische und bürokratische Hierarchie so etwas wie persönliche Fürsorglichkeit zuläßt), kurzum als eine Heimat, die so umfassend und so wenig provinziell ist, daß sie jedem gestattet, sich in ihr und bei sich selbst heimisch zu fühlen.

Das ist aber nur möglich, weil mächtige symbolische Präsentationen und hierarchische Ordnungsstrukturen vorhanden sind, die für eine prästabilisierte Harmonie sorgen, die radikalen gesellschaftlichen Wandel verhindert. Von heute aus betrachtet scheint dies das Kardinalproblem des alten Europa gewesen zu sein, das die Doppelmonarchie in unnachahmlicher Weise verkörperte. Die politische Fürsorglichkeit schließt überdies zwar das tolerante Prinzip des Leben-und-Leben-Lassens nicht aus, wohl aber die Idee demokratischer Partizipation, was in der Erzählung ‚Die Büste des Kaisers' freimütig und provokant ausgesprochen wird. Man gebe doch, heißt es da, „dem Volk stabile Spielzeuge wie den Kindern und gerechte Mächtige." (GW, 3, 176)

Es scheint ein weiter Weg zu sein, den Roth zwischen 1918 und 1939 zurückgelegt hat, vom couragierten Republikanismus der ersten Nachkriegsjahre bis zum Plädoyer für eine wohlbehütete patriarchalische Welt, in der die Freiheit wohl privat aber nicht politisch zählt. Zugleich lassen sich aber stereotype Argumentationsmuster und Einstellungen konstatieren: der private Anarchismus, der in der alten Ordnung sehr viel mehr Nischen findet als in der modern organisierten Welt, die Abneigung gegen Nationalismus, gegen Ideologien und ein Übermaß an Politik, sein von persönlichem Mitleiden geprägter Sozialismus, der sich mit der Geste des Aristokraten am Ende besser verträgt als mit den Lohnforderungen von Gewerkschaftsfunktionären und „Spießproleten".

Unleugbar haftet der Person wie dem Werk Roths der Beigeschmack der Donquixotterie an; zu nennen wären in diesem Zusammenhang das Faible für den Adel, die militärischen Allüren, der Besuch bei seinem neuen ‚Kaiser', Otto, der Entschluß, nach Österreich zu reisen und die Monarchie auszurufen, um Hitler zu verhindern. Und doch entbehren Roths Optionen über das Clowneske hinaus nicht eines gewissen Realitätssinns. Gemessen an den Illusionen anderer Exilanten

– etwa im Hinblick auf die Rolle des Stalinschen Kommunismus oder bei der Bewertung der Dauerhaftigkeit des deutschen Faschismus, die viele von ihnen unterschätzten – nehmen sich Roths Vorstellungen geradezu pragmatisch aus.

Die Situation der Jahre 1937/38 war, was die österreichischen Belange betraf, schier aussichtslos. In dieser verzweifelten Situation lag es nahe, das historische Ansehen, das das Haus Habsburg ohne Zweifel noch besaß, in die Waagschale zu werfen. Mögen heute so manche Elogen des stets begeisterungswilligen Roth an seinen Kaiser im Exil auch peinlich-komisch berühren, so stand der damals 21-jährige Thronprätendent nicht zufällig in einigen zentralen Fragen in schroffem Gegensatz zu dem austrofaschistischen Regime eines Dollfuß oder Schuschnigg. Wie sein durchaus couragierter Brief an Schuschnigg – wenige Wochen vor dem „Anschluß" – beweist, hat er insbesondere jegliches Zugeständnis an den Nationalsozialismus scharf abgelehnt und dem Ständestaat vorgehalten, Aussöhnung und Kompromiß mit der Arbeiterbewegung versäumt zu haben. Gegenüber der österreichischen Realität zwischen 1934 und 1938 tritt dieses Konzept als geradezu demokratisch hervor.

Viele Interpreten und auch Zeitgenossen, die sich über Roths Monarchismus lustig gemacht haben, übersehen, daß die stabilsten Demokratien Westeuropas an ihrer Spitze ein gekröntes Haupt haben. Belgien, die Niederlande, Dänemark, Schweden, Norwegen oder Großbritannien sind bestimmt keine schlechteren Demokratien, weil sie zugleich konstitutionelle Monarchien sind. Und selbst in den beiden revolutionären Kernländern, den Vereinigten Staaten und Frankreich, in denen man die Könige vertrieb bzw. enthauptete, besitzt der Präsident eine Stellung, die einem gewählten ‚Volkskönig' sehr nahe kommt. Demgegenüber haben sich die streng republikanisch verfaßten Staaten der Zwischenkriegszeit als wesentlich krisenfälliger erwiesen: die Weimarer Republik und ihre fehlende Feierlichkeit hatte Roth, wie schon erwähnt, bereits Anfang der zwanziger Jahre mit Sorge erfüllt.

Es spricht vieles dafür, daß Roths Monarchismus darauf abzielte, die positiven und symbolischen Traditionen des Kaisertums für die österreichische Eigenstaatlichkeit fruchtbar zu machen. Wie seine kritische Haltung gegenüber Schuschnigg zeigt, hat Roth wenig Neigungen für autoritäre Lösungen. Er kritisiert den unfreien Geist des Regimes in kulturellen Fragen (am Beispiel Ernst Kreneks), hegt Zweifel, ob die österreichischen Konservativen als Statthalter der Freiheit geeignet seien. Hart geht er mit deren opportunistischen Anbiederungen an den Un-Geist des völkisch-deutschen Nationalismus ins Gericht. Keine Frage: der Ständestaat, dieses auch historisch künstliche Gebilde, ist Roth fremd geblieben: Wenn zeitweilig die Gegnerschaft gegen dieses zurücktrat, dann deshalb, weil es Roth vornehmlich darum zu tun war, Österreich als Idee und als Wirklichkeit zu retten. Im Vergleich zu Hitler war Schuschnigg das kleinere Übel. „Man hat den Doppeladler verjagt: und die Aasgeier sind gekommen ..." (GW, 4, 971), das ist eine bittere, aber schwer von der Hand zu weisende Behauptung. Von heute aus betrachtet leitete das Ende der Habsburger Monarchie den Untergang und die Teilung des alten Europa ein; die meisten der aus ihr entstandenen Nachfolgestaaten sind heute autokratisch regierte Staaten, die unter politischem Fremdeinfluß stehen. Die bitteren Klagen über den Habsburgischen „Völkerkerker" haben sich vor diesen Hintergrund erheblich relativiert.

Indem freilich Roth zu Ende seines Lebens Liberalismus *und* Diktatur gleichermaßen verwarf, brachte er sich in eine politisch ausweglose Situation, die nur mehr den moralischen Protest und den Glauben an ein exterritoriales Universalreich nobler Gerechtigkeit, das Roth aus biographischen wie historischen Hintergründen Österreich taufte, zuließ, dem nicht bloß die Vergangenheit, sondern auch die Zukunft gehört. In grellem Kontrast dazu standen für Roth die säkularen Mächte Protestantismus und Nationalismus, die „von Erasmus durch Luther, Friedrich, Bismarck zu den heutigen europäischen Diktaturen" geführt haben. Diese einfachen Linienführung, die die Leistungen des Protestantismus schlicht negiert, wird man heute kaum mehr folgen können; aber Roths Urteil zeigt, daß sein Universalismus, der in gewisser Weise ein post-moderner war (indem er die Ideologien der Moderne, voran den Nationalismus verwarf), kein inneres Verhältnis zum europäischen Projekt der Freiheit, wie es sich zwischen 1688 und 1848 (zuletzt 1918) manifestierte, zu entfalten vermochte.

Der Mythos vom universal geeinigten Europa ragt in unsere Tage hinein. Durch die Idee einer europäischen Gemeinschaft der einstmals unerbittlich sich befehdenden Nationalstaaten, hat die Habsburger Monarchie nachträglich sehr viel bessere Noten erhalten als zu ihren Lebzeiten. In gewisser Weise ist der Habsburgische Mythos, den Claudio Magris überhaupt in der österreichischen Literatur konstatierte, wie verquer auch immer, in das Selbstverständnis der zweiten österreichischen Republik eingegangen (was von westdeutschen Kritikern Roths gerne übersehen wird).

Es bleibt seltsam, daß dieses Nachkriegsösterreich, schon zur Pointierung des eigenen authentischen Staatsverständnisses, niemals den Versuch unternommen hat, eine konstitutionelle Monarchie nach englischem oder holländischem Muster zu begründen, wie es Roth offenkundig vorgeschwebt hat. Aber wahrscheinlich verhielt es sich so, daß diese Option jenen historischen Kompromiß zwischen Arbeiterbewegung und Bürgertum zum Opfer fiel, den Otto so vehement 1938 gefordert hatte.

Gleichwohl hat dieser Habsburg- und Mitteleuropa-Mythos, wie ihn Roth mit seinen Romanen und Schriften mit initiierte, etwas durchaus Prekäres. Zum einen fehlt ihm das Element des historisch Echten: der universale Geist der ‚eigenen' Vergangenheit wurde erst entdeckt, nachdem der mehrmals unternommene Anschluß an den Geist und die Wirklichkeit des Nationalismus gescheitert war und das Land auf Grund des Ausgangs des zweiten Weltkrieges abermals von außen zur Entfaltung einer eigenen Staatlichkeit gedrängt wurde.

Schwerer noch wiegen zwei Einwände immanenter Art: diesem Mythos fehlt – schon bei Roth – ein genuin demokratisches Element, weshalb es dem gegenwärtigen Österreich schwer fällt, 1848 und 1918 positiv in die Idee einer österreichischen ‚Nation' (einen Gedanken, den Roth vehement abgelehnt hätte, weil er dem universalistischen Staatsgedanken widersprach) einzubinden. Darüberhinaus neigt auch schon Roth dazu, das historische Modell Österreich auf die francojosephinische Ära einzuschränken; nicht nur vermag diese dem Vergleich mit dem Glanz der Monarchie in früheren Jahrhunderten nicht standzuhalten, vielmehr war die österreichische Doppelmonarchie, in der Gestalt, die sie seit 1866 besaß, das Ergebnis von Königgrätz und in gewisser Weise ein Geschöpf Bismarcks: nach Jahrhunderten der Zugehörigkeit zum deutschen (wie zum osteuropäischen) Raum plötzlich aus den innerdeutschen Belangen ausgeschlossen und zugleich außenpolitisch ‚angeschlossen': durch ein System von Verträgen und Allianzen, die dem deutschen Bürgertum in Österreich das Gefühl gaben, wenigstens militärisch auf der Seite Deutschlands zu stehen.

Roth selbst übrigens hat seinen Habsburg-Mythos niemals mit dem kleindeutschen Österreich und dessen Bewohnern gleichgesetzt. So ist in Romanen und Essays gelegentlich von den „Alpentrotteln" die Rede, womit Roth offenkundig das Gros der „Deutsch-Österreicher" meint, deren unkritische Zuneigung für Bismarck und das Deutsche Reich für das Auseinanderbrechen der Monarchie maßgeblich verantwortlich gewesen sei. Roth, der im deutschen Nationalismus den Ursprung für die anderen Nationalismen und Separatismen sieht, hat offenkundig die Eigendynamik der bürgerlich-demokratischen Nationalismen unterschätzt, die 1848 zum erstenmal zum Vorschein gekommen waren. Der Nationalismus schien das Recht der Zeit für sich zu besitzen. Am 31. Oktober 1934 schreibt Roth an seinen Freund, den Musiker Ernst Krenek: „Gewiß weiß ich, daß der Kaiser von Österreich, bliebe er nur ein Kaiser der Alpentrottel, nicht der Kaiser wäre, den wir meinen. Aber, warten, bis der internationale katholische Raum bereit wäre, ihn aufzunehmen: das kann ich nicht, ich bin zu schwach, ich muß es *erleben,* physisch. Deshalb – und weil ich dachte, Sie hätten es ebenfalls nötig – schrieb ich Ihnen damals. Ich glaube, daß der Kaiser, einmal vorhanden, das Übernationale eben(?) schafft, kraft des ‚Kaiserlichen' ... Denn wir können der Dynamik des Wahnsinns, die diese Zeit erfüllt, nur durch eine ‚ähnliche' Dynamik begegnen, eine besser intentionierte. Ich habe keine Zeit, ebensowenig wie ein SA-Mann oder ein Bolschewik. *Denn ich muß ihnen zuvorkommen.*" (B, 390)

Roths beinahe magische Hoffnungen auf den übernationalen Kaiser und den internationalen Katholizismus, historischen Mächten, denen er sich seit Mitte der zwanziger Jahre mehr und mehr verschrieb, erwiesen sich insgesamt, wie Roth selbst – zunehmend enttäuscht – feststellen mußte, als trügerisch. Denn so unwirklich war die moderne, aufgeklärte, national separierte Welt nicht, als daß nicht auch Kaiser und Katholizismus ihrem ungeheuren Säkularisierungsdruck unterworfen waren. Wenigstens letzterer hat sich dem Gebot der Zeit – und das hieß damals Hitler und Mussolini – gebeugt. Das alte Österreich erwies sich unter den damaligen Umständen als ein sibirischer Ort am Rande der Welt und sein eindringlicher Beschwörer blieb ein zur Untätigkeit Verdammter, der stets dem Gesetz enttäuschter Liebe unterworfen war, ein politisch oft weitsichtiger, aber zugleich perspektivloser Hofnarr, der ein Anarchist blieb, auch wenn er für den patriarchalischen Gehorsam der alten Ordnung plädierte.

8. Der Anti-Christ

„Ich bin nicht ein Kind dieser Zeit, es fällt mir schwer, mich nicht geradezu ihren Feind zu nennen. Nicht daß ich sie nicht verstünde, wie ich es so oft behaupte. Dies ist nur eine fromme Ausrede. Ich will einfach, aus Bequemlichkeit, nicht ausfällig oder gehässig werden, und also sage ich, daß ich nichts verstehe, von dem ich sagen müßte, daß ich es hasse oder verachte." (GW, 2, 865)

Dieses rhetorische Bekenntnis Franz Ferdinand Trottas, das Stillschweigen vorgibt, wo es doch spricht, läßt sich als eine Art Selbstdeklaration des Autors lesen. Der historische Kontext von ‚Die Kapuzinergruft' legt es nahe, die Feindschaft gegen „diese Zeit" als einen Reflex auf den Triumph des Nationalsozialismus in Deutschland und Österreich zu deuten. Eine solche Einschätzung übersieht, daß die Wurzeln für Roths Ablehnung der modernen Gesellschaft viel weiter zurückgehen und sich auch in seiner ‚linken' Periode – zwischen 1918 und 1925 also – nachweisen lassen. So verachten beinahe alle seine revolutionären ‚Helden' Technik und Fortschritt, die als bedrohliche Herrschaft der ‚Maschine' über den Menschen gewertet werden. Die Verwerfung jeglicher Philosophie des (technischen) Fortschritts zieht, wie bereits gezeigt, die Ablehnung der russischen Revolution nach sich, die Roth als Weg nach Amerika, als Zerstörung authentischer menschlicher Gemeinschaft interpretiert. Fortschritt und Emanzipation, urteilt Friedrich Kargan gegenüber seiner bürgerlichen Freundin Hilde, seien das Werk des Kapitalismus und der Bourgeoisie. Folgerichtig geht jede Übernahme dieser Ideale mit der Verbürgerlichung der Revolution und des Proletariats einher, wie sie in der Sozialdemokratie aber auch im siegreichen Bolschewismus ihren sichtbaren Ausdruck findet. Was in Roths literarischem und essayistischen Werk zum Vorschein kommt, ist eine Kapitalismuskritik, in der sich sozialistische und konservative Elemente eigentümlich kreuzen und ergänzen. Die Brisanz dieser Art von Kulturkritik wird freilich dadurch abgeschwächt, daß Roth von Anfang an, auf Grund seiner Herkunft und im Gegensatz zu vielen Zeitgenossen, eine dezidiert antinationalistische und skeptisch-antiideologische Haltung einnimmt.

Von „Joch der materiellen Kultur" und der „Lokomotive des technischen Fortschritts", die „das humanistische Ideal von der ‚edlen Kraft und Güte' zermalmt", vom Triumph des „Unterleibsmenschen" und von den „satanischen Strömungen der Zeit" ist schon in einem frühen Feuilleton der Wiener Jahre die Rede. In dem 1920 erschienenen Text mit dem bezeichnenden Titel „Die Auferstehung des Geistes" heißt es unter anderem: „Denn so verstrickt ist er [der Mensch, d. Vf.] in die Materialität der Gegenwart, so sehr Bettler und Kämpfer um sein ‚nacktes Dasein', so sehr Kind des Jahrhunderts, in dem die Maschine den Geist unterjochte, das Schießpulver seinen Erfinder, das Objekt den Mächtigen, der Götze seinen Schöpfer, daß ihm die Widernatürlichkeit und Verkehrtheit der Machtverhältnisse gar nicht zum Bewußtsein kommen, daß er die Ursache seiner Leiden ausschließlich in der plötzlichen, aber dauernden Stagnation seiner Gottheit Maschine sucht und findet, und sein Heil *nur* von einer reichlichen Mehlbelieferung abhängig macht." (GW, 4, 515)

Mit dieser nahezu gnostischen Einstellung, die den praktischen Zugriff auf die materielle Welt als satanisch abstempelt, steht Roth nun keineswegs allein da, sondern ist Teil einer kulturrevolutionären, antibürgerlichen Grundstimmung, die in Expressionismus und Jugendbewegung eingegangen ist.

Frevel und Verstrickung liegen vor, weil sich der Mensch in der modernen Gesellschaft Gottähnlichkeit anmaßt, „Kainszeichen der Gottlosigkeit". Die Welt wird greifbar, konkret, verliert jegliche Transzendenz. Nur so kann sie dem „in die Materialität der Gegenwart" verstrickten Menschen als handhabbare Heimat vorkommen.

Diese kulturpessimistische Vorstellung macht erklärlich,

warum in Roths frühem Werk ‚Hotel Savoy' die (nicht näher benannte) Industriestadt im Osten als ein Ort der Verdammnis, als ein zweites „Sodom und Gomorra", als „Strafe Gottes" in Erscheinung tritt, während Natur und Landschaft als überwiegend positiv empfunden werden. So erscheint der Goldregen in dem Prosa-Fragment ‚Erdbeeren' als Sendbote kindlicher Vertrautheit und Erinnerung: Einklang mit einem Kosmos, der nicht von Menschenhand geschaffen wurde.

Besonders drastische Töne schlägt Roth in seinem Feuilleton ‚Der Merseburger Zauberspruch' an. Der grimmige Tenor dieses Textes rief die (industriellen) Geldgeber der ‚Frankfurter Zeitung', in der der Artikel erschien, auf den Plan. Roth erzählt darin die Geschichte der Vernichtung altdeutschen Geländes, der Stadt Merseburg und des ihr benachbarten Dorfes Runstedt. Es handelt sich für Roth um einen so exemplarischen wie symbolischen Fall, um die Zerstörung einer gewachsenen Lokalität durch einen „mächtigen Gegner", der wie „ein häßliches und notwendiges Geschwür" „die Natur in Mitteldeutschland frißt". Die Rede ist von der chemischen Industrie, hier in Gestalt der Ammoniak industriell erzeugenden Leunawerke.

Roth zeichnet das Bild einer wehrlosen sterbenden Natur, und seine Diagnose lautet: Frevel. Lakonisch merkt er an: „Hier vollzieht sich der Untergang der Welt, auf daß sie gedüngt werde." (GW, 3, 692)

„Die riesigen Schornsteine" „senden den tödlichen Gestank in die himmlische Bläue jener Regionen, in denen sich die Lerchen wohlfühlen." Wiederum macht Roth das Allerkonkreteste zur Metapher, wenn der „Bagger", dieses Großwerkzeug moderner Technik, die alte von Runstedt aus dem 14. Jahrhundert binnen kürzester Zeit in einen „Trümmerhaufen" verwandelt. Gegen die Technik kommt keiner an, zitiert der Text einen Bewohner. Nicht einmal die Kirche. Sogar der Friedhof muß weichen: „Die Weltwirtschaft übersiedelt die Toten. Sie geht über Leichen und verschafft ihnen dann neue Quartiere." (GW, 3, 696)

Einige Jahre später wird Roth, sichtlich verbittert, schreiben, die Preußen seien die „Vertreter der chemischen, der industrialisierten Hölle in der Welt". Was ihn vor allem vor den Kopf stößt, das ist der im neusachlichen Deutschland so weit verbreitete übersteigerte Glauben an die Technik: „Muskelgötzendienste und Sportandachten", Rekordsucht allerorten. Der Philister besteigt das Aeroplane.

Zuweilen zeigt sich Roth freilich auch von modernem Industriegelände beeindruckt, so zum Beispiel vom Berliner ‚Gleisdreieck': „Landschaft! – was enthält der Begriff? Wiese, Wald, Halm und Ähre. ‚Eiserne Landschaft' ist vielleicht das Wort, das den Tummelplätzen der Maschine gerecht wird. Eiserne Landschaft, großartiger Tempel der Technik unter freiem Himmel, dem die kilometerhohen Schlote der Fabriken lebendigen, zeugungsmächtigen, Bewegung fördernden Rauch darbringen. Ewiger Gottesdienst der Maschinen im weiten Umfang dieser Landschaft aus Eisen und Stahl, deren Ende kein menschliches Auge sieht, die der graue Horizont umklammert." (GW, 3, 645) Für Roth ist das ein Sinnbild der Zukunft: „So ein Gleisdreieck von machtvollen Dimensionen wird die zukünftige Welt sein." (GW, 3, 647)

Die metaphysische Überhöhung der Technik als Schöpfungsprojekt in der Nachfolge (des toten) Gottes verbindet zu dieser Zeit die polemischen Kulturkritiker mit den emphatischen Anbetern der Technik, die diese als Erlösungswerk einer geschichtsmächtigen Menschheit preisen: Der Mensch, der Berge versetzen kann, ist in der Tat ein moderner Gott.

Roths Kulturkritik geht in ihrer schroffen Ablehnung von Zivilisation und Industrialismus in vielen Punkten mit der antirationalistischen Lebensphilosophie der Zeit konform, aber sie sieht Vernunft und Geist eher als Opfer, nicht als Ursache für die Irrwege der Neuzeit. Die von Klages verbreitete Formel, der Geist sei Widersacher der Seele ist dem Humanisten Joseph Roth völlig fremd.

Wie weit eine derartige Kulturkritik trägt, läßt sich schwer abschätzen. Ihre Bedeutung dürfte erst dann zu ermessen sein, wenn wir tatsächlich in postmoderner und postindustrieller Ära leben. Daß die pessimistische Zeitdiagnose die Dynamik des technischen Fortschritts nicht aufzuhalten vermag, entkräftet nicht die Stichhaltigkeit ihrer Diagnose, sondern beschert ihr fortdauernde Aktualität. Der für die Literatur der Moderne kennzeichnende Kulturpessimismus ist stummer oder auch beredeter Begleiter einer automobil sich fortentwikkelnden Gesellschaft, macht eine Gegenrechnung auf, die sich heute schon selbst unter rein ökonomischem Kalkül belegen läßt: als Überschreiten des Grenznutzens. Entgegen ihrem Gestus der Verzweiflung und Aussichtslosigkeit verhindert Kulturkritik, was sie prognostiziert: die ungebremste Entwicklung und Durchsetzung der als dämonisch erfahrenen, selbstläufigen Maschinerie des technischen Fortschritts.

Roths bildbesetzte Weltschau verfügt über ein feines Sensorium für die Unheimlichkeit des technischen Kosmos und für die Antriebe, die diesen hervorgebracht haben. Mit seiner Dämonologie der Moderne steht Roth gleichfalls in der Tradition der europäischen Romantik. Der Verdacht, daß im Falle neuzeitlicher Technik uralte Wunder und Kindheitssehnsüchte eine eigentümliche Koalition mit einem zielgerichteten, nüchternen Verstand eingegangen sind, läßt sich nur schwer entkräften. Bereits 1931 plant Roth – nach mehrmaliger Lektüre von Max Picards „Menschengesicht" – ein Buch über die Gespenster seiner Epoche zu schreiben. Herzstück dieser und ähnlicher Projekte bildet dabei die Auffassung, daß die moderne Welt Täuschungen und Simulationen produziert, die nicht ohne weiteres als solche zu durchschauen sind, Blendwerke einer perfekten schwarzen Magie. „Die alten Märchen sind wahr geworden", heißt es einmal in ‚Hotel Savoy' recht prophetisch. (GW, 1, 154)

Blendwerke, täuschend echte Duplikate der Natur, bringt in der Erzählung ‚Leviathan' der ungarische Geschäftsmann Lakator, die Inkarnation des modernen Bösen, in Umlauf, die von den echten Korallen des Nissen Piczenik nicht zu unterscheiden sind. Mehr noch: die Nachahmung nimmt die Stelle des Authentischen ein, während dieses zum historischen Abfall degradiert wird. Das historische gravierendste Fallbeispiel für die technische Verdoppelung der Welt ist in Roths Augen unzweifelhaft der Film, dessen verstörende wie magisch anziehende Kraft bereits im Frühwerk angesprochen wird. Schon in ‚Zipper und sein Vater' sowie in den Feuilletons der zwanziger Jahre entwirft Roth in Umrissen eine ‚Dämonologie' des Filmes, die dann in dem Prosa-Pamphlet ‚Der Antichrist' gipfeln wird, in dem Hollywood zur „Höllenwut", zum Schattenreich der Toten wird, zum Hades einer modernen, ewigkeitssüchtigen Menschheit: „Der Schauspieler aber, der im Kino spielt, der bleibt in alle Ewigkeit auf der Leinwand, der einzigen Realität, auf der sich sein Leben abspielt, immer lebendig. Das heißt: sein Schatten, oder richtiger: seine Wahrheit (denn er ist da nur der Doppelgänger seines Schattens) ist ‚ewig'. Das heißt also: es gibt eine Art Menschen, die nicht als Menschen gelebt haben, sondern als Schatten: und es sind auch Menschen, die nicht sterben können. Sie können nicht sterben, weil sie niemals gelebt haben." (GW, 3, 382)

Ein Bild der Menschheit ersteht vor uns, die ganz im Sinne von Chamissos Peter Schlemihl ihren Schatten verkauft. Was einmal psychologisch betrachtet Aberglauben war, wird mittels technischer Operationen blanke Realität. Das traditionelle Grundmuster erfährt eine dramatische Wendung und Überspitzung: der Schatten ist nicht verschwunden (wie in Chamissos Erzählung), sondern zur gültigen Daseinsweise geworden. Der Mensch ist fortan nur mehr der Schatten seines Schattens, ein Wesen, das sich über nichts mehr wundert: „mit der großen Leere im Herzen" (GW, 1, 410).

Wie schon im Falle der Korallen (in „Leviathan") ist es schwierig, wenn nicht gar unmöglich geworden, Wirkliches und Unwirkliches klar voneinander zu scheiden: „Es scheint mir, daß zwischen der Qual, diese Wirklichkeit, diese seelenlosen Begriffe, ausgehöhlten Schemata zu ertragen und der Lust in einer Unwirklichkeit zu leben, die sich selbst bekennt, keine Wahl mehr sein kann." (GW, 1, 417)

Interessanterweise schreibt sich Roth das Lebensgefühl, das er den Schattenspielern des Films unterstellt, selbst zu: „Denn ich bin ein Toter und lebe." (GW, 1, 940)

Auf das Thema der lebenden Schatten von Toten kommt

Roth, der in der Mitte der zwanziger Jahre gelegentlich auch Filmbesprechungen schrieb, viele Jahre vor seinem ‚Antichrist' zu sprechen, so zum Beispiel in einem Feuilleton über eine Wochenschau, die in linearer Abfolge die Zarenfamilie und eine Militärparade Trotzkis zeigt. Der Anblick der auf der Filmleinwand lebenden Zarenfamilie löst beim Betrachter, Roth, „erstarrtes Schweigen" aus: „Denn nicht einmal eine unwissende und gefühllose Leinwand kann ohne jede Rückwirkung die Bilder dieser zehn mal zehn Toten und Aber-Toten getragen haben: diese Momentaufnahme von Gespenstern, die tot waren, als sie noch frisch und fröhlich kinematographiert wurden, und die man nicht ermordete, als man sie mordete; man hatte kein Leben in ihnen ausgelöscht, sondern eine Unwirklichkeit, deren Hauch einem Leben täuschend ähnlich ist." (GW, 4, 501) Des Zaren „glasigen Blick" „gegen die Linse" interpretiert Roth so: „Es ist wie ein Starren gegen die Mündung eines Gewehrlaufs, der erst ein paar Jahre später funktionieren sollte. Der Zar geht ziemlich schnell, mit der Bewegung eines Wesens, das sich aus Puppenmaterie und Gespensterschatten zusammensetzt." (GW, 4, 501)

Suggestive Kraft gewinnt Roths Argumentation zweifelsohne durch den nicht zuletzt medialen Triumph des Faschismus und dessen Inszenierungs- und Simulationsmaschinerie. Indem Roth seinen plastischen Bildern eine Analyse unterlegt, werden auch die Grenzen seines Ansatzes – etwa in den späten Essays ‚Glaube und Fortschritt' und dem ‚Antichrist'-Traktat – offenbar.

Gewiß verleihen die schrecklichen Ereignisse seit 1933 den düsteren Berichten Roths über die Hölle auf Erden eine gewisse Plausibilität; zugleich ist in seinem apokalyptisch gestimmten Dualismus die unfreiwillige Verwandtschaft mit der dämonischen und manichäischen Weltsicht seiner Kontrahenten nicht zu übersehen.

Wo Roth Phänomene beobachtet und zur anschaulichen Metapher verdichtet, da vermag seine Prosa zu überzeugen. Unzureichend bleibt das theoretische Fundament. Roths Hinwendung zur alten Ordnung, für das kat'holon, für den katholischen Kosmos also, verschärft diesen Tatbestand. Der reale Kern der modernen Welt schmilzt auf den teuflischen Einbruch unheiliger Mächte zusammen, als deren Konfiguration der böse, unangemeldete Geist des Lakatos (die antiungarischen Ressentiment sind integraler Bestandteil von Roths sentimentalem Slawophilismus) erscheint.

Wo der Satan seinen epischen Auftritt erhält, ist der Untergang der Welt nicht mehr weit, ein Untergang, von dem nie sicher ist, ob er schon stattgefunden hat oder noch bevorsteht. Uneindeutig bleibt, ob eine oder die Welt schlechthin an ihr unvermeidliches Ende gelangt ist. Mittels der tradierten Bildmetaphorik der Bibel wird die moderne Welt mythologisch eingeholt und zugleich verworfen. Bei genauerer Betrachtung seiner Essays, seiner Romane und Erzählungen drängt sich der Verdacht auf, daß Roth noch über etwas anderes spricht als über den Zustand der Kultur. Hinter dem Diskurs über die moderne Welt ‚murmelt' noch ein anderer, der das gelockerte Verhältnis des seinen traditionellen Überlieferungen, Geschichten und gesellschaftlichen Einrichtungen entfremdeten, entwurzelten Menschen zu der ihn umgebenden ‚Wirklichkeit' zum Inhalt hat. Der Film, mehr als ein ästhetisches Medium des technischen Zeitalters, dient dabei als willkommene Metapher für eine schattenhafte Erfahrung des Daseins, die zuweilen in der gnostischen Überbietung christlicher (und ambivalenter) Weltsicht gipfelt, wonach die Hölle sich auf Erden befindet.

So besehen ähnelt Roths Weltsicht jener Kafkas, Becketts oder Ciorans wie auch den frühen Manifestationen des Existentialismus. Nach diesem Erfahrungsmodus konstituiert sich das moderne Subjekt, anders als das klassische, das sich eine Welt zu gewinnen weiß, dadurch, daß ihm keine zur Verfügung steht. Hinter der Fassade einer konservativen Kulturkritik tut sich eine Mentalität auf, die zum Grundbestand literarischer Modernität gehört und die durch folgende konstitutive Merkmale gekennzeichnet ist: eine innerweltliche Askese ohne Selbstkasteiung und ohne Handlungsschub, Nicht-Teilhabe im Sinne einer konsequenten und vehementen Engagement-

Verweigerung, Antibürgerlichkeit, männliche Einsamkeit, Dementierung jedweder Heilserwartung, Pathos der Trauer, Einsicht in die Selbstverlorenheit und Abseitigkeit menschlicher Existenz, Gnosis ohne göttlichen Rettungsanker, Sympathie für den Tod.

Die Todessehnsucht, der Wunsch, aus der vorgefundenen Welt zu verschwinden, ist in nahezu sämtlichen Romanen und Erzählungen präsent. Erinnert sei auch noch einmal an den bevorzugten Punkt in Roths imaginärer Topographie: den Ort des Stillstands. Hierzu gehört auch die Kaisergruft in Wien (in ‚Die Kapuzinergruft') oder das Leben unter den Seine-Brükken in Paris (‚Die Legende vom heiligen Trinker').

Immer wieder geht es dabei auch um das Überschreiten einer Grenzsituation. Am Schluß des Romanes ‚Rechts und links' steigt Nikolai Brandeis in den Zug ein und wird nicht mehr gesehen: „Ohne mich, dachte Brandeis, wird die Welt ihren ewigen, langweiligen Gang weitergehn." (GW, 1, 689)

Die Ortssuche erübrigt sich, denn es wird „wieder ein neuer Nikolai Brandeis geboren" (GW, 1, 690), abermals ein Heimatloser, der beinahe beliebig in die verschiedensten Rollen schlüpfen wird – ewige Wiederkehr des Gleichen.

Roths Nähe zum Christentum ist trügerisch: ein aktives Christentum, das sich kämpferisch der Welt als Herausforderung stellt, liegt ihm gänzlich fern. Sein bekehrter Tarabas, einstmals ein Revolution spielender Haudegen, verkörpert – hinter der Maske des Religiösen – jene innere Weltabgewandtheit, die auch in der ironischen Gleichmütigkeit seiner Figuren aus den zwanziger Jahren – Tunda, Kargan – zum Ausdruck kommt. Roths Schilderung der Moderne als Ankunft des Antichrist auf Erden hat indes noch einen weiteren, tragischen und wohl auch selbstzerstörerischen Aspekt. Denn in seinem kulturkritischen Pamphlet erscheinen nicht bloß die Erfinder der neuzeitlichen Kriegs- und Filmmaschinerie, sondern auch die Schriftsteller und Journalisten als Wegbereiter von ‚Höllenwut'. Wo steht man da selbst? Wie kann man sich da noch rechtfertigen?

Den Prozeß der Abspaltung von Bildern hat Roth offenkundig aus der eigenen literarischen Praxis gekannt. Vielleicht hängt seine quälende Beschäftigung mit dem Film und dem Automatismus der Bilder damit zusammen, daß hier ein in Bildern und Tableaus denkender Mensch in Gestalt (nicht nur) des Dritten Reiches den Triumph einer dämonisch inspirierten Bildmaschinerie (die damit Gewalt und Herrschaft abzusichern vermochte) miterleben mußte. Die Grausamkeit von Hitlers Regime verschwindet hinter einer Leinwand von Bildern und Parolen.

Es wäre, auch biographisch gesehen, ganz verkehrt, Roths frühen Tod (im Alter von 45 Jahren) auf das unstrittig herbe Los der Emigration zurückzuführen. Man vergäße dabei, daß Roth schon seit Mitte der zwanziger Jahre den Standpunkt einer inneren, existentiellen Emigration bezogen hat. Sicher mag das Exil ebenso wie die plötzlich ausbrechende geistig-psychische Erkrankung seiner Frau seine depressive Neigung verschärft haben, aber sein ausgeprägter Hang zum Alkoholismus etwa reicht viel weiter zurück und dürfte seine Wurzeln in einer familiären Extremlage haben, eine Disposition, auf der sein gesamtes literarisches Werk ruht: diese verschleiernd wie offenbarend. Nie gab es in Roths Leben einen Zeitpunkt, wo er sich mit den jeweiligen – privaten wie öffentlichen – Gegebenheiten hätte abfinden oder gar anfreunden können. Untergründig war da schon immer der Eindruck, sich in dieser Welt im Hades zu befinden. Dieser heimliche Gnostizismus spiegelt sich in der Erfahrung einer ganzen Generation. Von daher mag sich auch eine erschreckende Parallelität erklären lassen, zwischen den Nazis und vielen ihrer Gegner: Stellen für Nationalsozialisten wie Goebbels die Juden die Herrscharen des Antichrist dar, die teuflischen Boten der letzten Schlacht, so deutet der jüdische Emigrant Roth seinerseits Hitlers Nationalsozialismus als den Einbruch dämonischer Kräfte, als Reich des Antichrist.

Der Triumph Hitlers ist in der Tat undenkbar ohne die Krise und den Untergang einer geschlossenen patriarchalischen Welt. Der erste Weltkrieg hat nicht nur drei Kaiserreiche für immer vernichtet, sondern er hat auch die ‚Thronsessel' gestürzt, auf denen die Väter, die leibhaftigen Abbilder der Monarchen, so unangefochten sich behauptet hatten. Joseph Roth, der Sohn, der ohne Vater aufwuchs, hat sich sehr bald entschieden: für die nachträglich in mildem Glanz erscheinende österreichische Paternalität. Schutz und Heimstatt vermochte sie ihm nicht mehr zu gewähren. Sie bot ihm indes die Möglichkeit, sich zu definieren und zu artikulieren: als männlicher Rebell und ‚friedfertiger' Soldat; letzteres Selbstbild entspringt der merkwürdigen Aura, die von den militärischen Niederlagen Österreichs seit 1866 ausgingen.

Roths Werk steht als Metapher für die Unmöglichkeit, die alte Ordnung wiederherzustellen. Kein väterliches Idol vermag die Schrecken einer als sinnlos erfahrenen Welt zu vertreiben. Hinter dem traurig-komödiantischen Maskenspiel verbirgt sich ein trostloser Nihilismus, der weiß, daß von den Vätern nichts mehr zu erhoffen ist (außer vielleicht Würde).

Womöglich erklärt das auch Roths Haßliebe für alles Filmische, für alle gestellten Szenen, Techniken, die er selbst perfekt beherrschte. In dem eingangs zitierten Brief an Seyß-Inquart, in dem er mit unnachahmlichem Gestus Offiziersgrad und -würde zurücklegt, trifft ein Mann Entschlüsse: ein altösterreichischer Offizier, der für ein Regime, das ihm – ungeachtet seines preußischen Säbelrasselns – als tief unmännlich und unmilitärisch gilt, nur Verachtung übrig hat. In ihm sieht er den Verderber der alten väterlichen, ja der abendländischen Ordnung. Es könnte durchaus sein, daß Roth, diesem eingefleischten Gegner weiblicher und matriarchaler Werte, der Diktator, dessen Namen auszusprechen er sich scheute wie den des leibhaftigen Gottseibeiuns, ihm zuweilen als „Unhold des Matriarchats" (Max Weber) erschienen ist.

9. Hiob oder die Permanenz des Judentums

„Und was die Juden betrifft“, schreibt Joseph Roth am 22. März 1933, knapp zwei Monate also nach Hitlers „Machtergreifung“, an seinen Kollegen Stefan Zweig, „so ist dieses Volk erstens in Auflösung begriffen (dank Rußland) und wird in 50–100 Jahren nicht mehr vorhanden sein. Zweitens: sind die heutigen Juden – weil sie seit 200 Jahren nicht mehr in ihrer geistigen Heimat leben –, gar nicht mehr imstande, physiologisch nicht, die Leiden ihrer Ahnen zu ertragen. Haben Sie Talmud gelernt? Beten Sie jeden Tag zu Jehova? Legen Sie Tefilim? Nein, es ist vorbei – und man trägt eben mitten im Deutschtum als ein Deutscher das Erbe, das von allen andern Völkern der gesitteten Erde, wenn nicht immer freudig angenommen, so doch zumindest nicht mit dem Gummiknüppel bestraft wird.“ (B, 257)

Gegen die Devise, daß der Jude eben Jude bleibe, gegen diesen heimtückischen Satz, den die einen als verächtlich-aggressive Drohgebärde benutzten (der bald die grausamste Tat der Weltgeschichte folgen sollte) und den die anderen emphatisch im Sinne von Selbstfindung verstanden (und nach wie vor verstehen), hat sich Roth stets vehement zur Wehr gesetzt. Zeitweilig ging seine Abwehr so weit, daß er den Zionismus als jüdischen Nationalsozialismus bezeichnete und sich energisch von ihm distanziert hat. Daß eine solche Position nach dem unaussprechlichen Schrecken einer systematischen Judenvernichtung als skandalös empfunden werden kann, liegt auf der Hand. Uneingestandenermaßen wirkt dabei die Logik des Dritten Reiches nach, aus dessen Bann wir bis heute nicht imstande sind uns zu lösen. So provokant es auch klingen mag: noch der Staat Israel, die Verwirklichung der zionistischen Utopie, wäre ohne die grauenvolle Vernichtung insbesondere des osteuropäischen Judentums, kaum Wirklichkeit geworden und die heute fraglos vorhandene jüdische Identität lebt mehr vom Mythos der erlittenen und wenigstens teilweise überstandenen Massenvernichtung als vom gemeinsamen religiösen Erbe, das heute wie jede andere religiöse Tradition auch, aufgezehrt und aufgebraucht zu werden droht, angesichts der Wucht eines universal wirksamen Säkularisationsprozesses.

Genau diesen historischen Tatbestand faßt Roth in seinem Brief an Zweig ins Auge. Was er nicht mehr miterleben mußte und was für ihn bei aller historischen Schwarzsicht undenkbar erschien, war, daß der Mythos des Opfers, ein jüdischer Grundmythos, noch einmal, alle historischen Verfolgungen in den Schatten stellend, in diesem entsetzlichen Ausmaß virulent und aktuell werden könnte. Durch seine Wiederbelebung konstituierte sich im historischen Schatten von Auschwitz und Treblinka ein Volk, das sich in einer alten und neuen, aber doch zunächst fremden und feindlichen Umgebung zu behaupten hat, um sich aus der Umklammerung des Opfers zu befreien.

Aus dem Judentum kann man nicht austreten wie aus anderen religiösen und ethnischen Gemeinschaften. Das scheint heute – nach 1945 – über das jüdische Bewußtsein hinaus zum gemeinsamen Gedankengut geworden zu sein. Aber genau dieser Ansicht widerspricht Roth ganz vehement, indem er seinen Freund Zweig boshaft an dessen eigenes Verhältnis zur jüdischen Glaubenstradition erinnert, das, wie im Falle eines aufgeklärten Menschen aus christlicher Tradition nur ein historisches ist, das nicht aus authentischem Erlebnis schöpfen kann. Hier bekennt sich Roth ganz unkonservativ zur Ablösung von der eigenen Tradition und Lebensweise. Fraglos spielt dabei neben Gründen der Redlichkeit auch der soziale Aufstiegsgedanke eine nicht zu unterschätzende Rolle. Aber von entscheidender Bedeutung ist sein radikaler Universalismus. Deshalb stellt für ihn die Heimat – und damit auch Staatenlosigkeit – die eigentliche Leistung des Judentums dar. Das wird deutlich, wenn sich Roth über den zukünftigen Judenstaat in Palästina äußert (den er später immerhin – mit Einschränkungen als „Teillösung der Judenfrage“ akzeptiert). Die Entstehung dieses jüdischen Nationalstaates begreift er als „Einbruch einer angelsächsisch-amerikanischen Zivilisation, die den ehrlichen Namen der nationalen Wiedergeburt trägt.“

Den jüdischen Staat sieht Roth also als einen Teil der angelsächsischen Zivilsation, der er als dezidierter Alteuropäer sehr zwiespältig gegenübersteht. Immerhin konzediert er, daß es sich um einen Akt von Notwehr handelt: „Der Jude hat ein Recht auf Palästina, nicht, weil er aus diesem Land kommt, sondern weil ihn kein anderes will.“ (GW, 3, 303) Die Sprache verrät Distanz: dazugehörig fühlt er sich nicht. Und prophetisch fügt er hinzu: „Und dennoch wird die Einwanderung der jungen Juden nach Palästina immer an eine Art jüdischen Kreuzzugs erinnern, weil sie leider auch schießen.“ (GW, 3, 303)

Die Juden werden zu einem ganz normalen Volk wie jedes andere auch mitsamt seinen Schattenseiten. Seit Mitte der zwanziger Jahre versucht Roth seinen Standpunkt durchzuhalten, bei aller Distanz der ostjüdischen Tradition treu zu bleiben, ohne die beiden Extremposition – die Verwerfung des ‚rückständigen‘ Ostjudentums im Namen der Aufklärung einerseits und ihre unkritische Verherrlichung im Sinne eines echten, identitätsstiftenden Judentums andererseits – zu akzeptieren. Solche nüchterne Klarheit mag bei einem sentimental veranlagten Menschen überraschen, weist aber noch einmal auf den politisch-historischen Sensus des feuilletonistischen wie literarischen Chronisten Roth.

In ‚Juden auf Wanderschaft‘ stellt er die ostjüdische Welt, übrigens durchaus aus der Außenperspektive, als einen faszinierenden Kosmos dar, der tragisch und unaufhaltsam dem Verfall preisgegeben ist. Die äußere Repression sieht Roth dabei keineswegs als das entscheidende Moment an, vielleicht bremst die Unterdrückung sogar, wenigstens zeitweilig, den Prozeß der inneren Aushöhlung. Viel entscheidender ist die Ausrichtung der Menschen Osteuropas auf die neue Welt im Westen. Als die einschneidenden Ereignisse nennt Roth in diesem Zusammenhang Krieg, Revolution und den Zerfall der österreichischen Monarchie: „Sie gaben sich auf. Sie verloren sich. Ihre traurige Schönheit fiel von ihnen ab, und eine staubgraue Schicht von Gram ohne Sinn und niedrigem Kummer ohne Tragik blieb auf ihren gekrümmten Rücken. Die Verachtung blieb an ihnen kleben ..." (GW, 3, 300)

So zeichnet Roth die Juden auf ihrer Wanderschaft von Ost nach West, im Gepäck der „Traum" „von einer westeuropäischen Humanität". Zu diesem Gepäck gehört auch der Zionismus und der ihm zugrundeliegende, westeuropäisch-‚unjüdische' Begriff der Nation, Teil jenes Assimilationsprozesses, wie er im Bild der nach Westen wandernden Menschenströme sinnfällig wird. Damit einher geht der Verlust einer vorgeschichtlich anmutenden Selbstverständlichkeit des Lebens, die man im Nachhinein als jüdische Identität ansehen mag: Das Selbstbewußtsein erwacht, wenn die Eigenart bereits im Schwinden begriffen ist. Vielleicht ist das überhaupt eine Formel für jeglichen Nationalismus, im großen wie im kleinen.

Im Falle Roths vermischen sich ganz eigentümlich ultrajüdische Züge mit der Selbstdarstellung eines Menschen, der sich ungeachtet seiner ‚randständigen' Herkunft, emphatisch als Europäer und abendländischer Mensch empfindet. Auf ihn selbst dürfte der in dem Essay formulierte Vorwurf zutreffen, daß der assimilierte Ostjude nur ungern an seinen Vetter aus Lodz oder Posen erinnert wird. ‚Juden auf Wanderschaft', das ist ein Dokument der Sympathie wie eines der inneren Distanz. Ob das nun als Selbstverleugnung zu bewerten ist oder ob es nicht einfach den Zustand eines Menschen beschreibt, der diese Wanderschaft bereits zurückgelegt hat, läßt sich schwer entscheiden. Womöglich bedingt das eine das andere.

Was für Roth die Tragik des Ostjudentums ausmacht, ist, daß es die Schönheit seiner unmittelbaren Heimat nicht erkennt, wobei Heimat hier nicht im Sinne eines staatlichen Territoriums zu verstehen ist. Worauf Roth abzielt, ist eine Geborgenheit, die sich der Vielgesichtigkeit von Landschaft und Gesellschaft und der (scheinbar) vorgeschichtlichen Archaik des Lebens verdankt. Der jüdische Zug nach Westen bedeutet für ihn den Marsch in die Geschichtlichkeit und den Untergang der eigenen, genuinen Lebenswelt. Was in dem Essay wie auch im ‚Hiob' zur Sprache kommt, das ist ein folgenschwerer Prozeß, der, weit über das jüdische Sonderschicksal hinaus, als moderne historische (fast instinktartig vollzogene) Grundbewegung bis heute seine Gültigkeit behalten hat: Der Marsch von der Peripherie ins Zentrum, von der ‚Primitivität' in die Zivilisation, vom Land in die Stadt, und zwar ganz unabhängig von den jeweiligen politischen Systemen. Nur der organisierte Terror und Vernichtungswille des Dritten Reiches hat diese Bewegung zeitweilig außer Kraft zu setzen vermocht. Die Immigration von Süditalienern, Spaniern, Jugoslawen und anatolischen Türken in die industrialisierte Mitte des Kontinents erinnern in ihrer Logik an die ostjüdischen Auswanderungsströme nach dem westlichen Europa und nach Amerika ebenso wie jene aus der „Dritten Welt" in jene, die sich zu Recht oder zu Unrecht, als die erste empfindet. In einer Welt, die lediglich als die dritte angesehen wird, orientiert man sich automatisch an jener, die als die erste gilt. All diese Ortsveränderungen bringen es mit sich, daß die wandernden Menschen nicht mehr wissen, wohin sie gehören.

Indem Roth sein Hauptaugenmerk auf diese generellen Veränderungen richtet und sie nicht ausschließlich als jüdisches Problem abhandelt (vielmehr dieses als Paradigma einer neuen kulturellen Gesamtsituation), gewinnt seine Darstellung an Allgemeingültigkeit. Gewiß haben Achmed und Lorenzo andere Götter als der Hiob Mendel Singer, aber ihr Schicksal im Getto einer neuen Welt ähnelt sich doch verblüffend: ihre Götter zählen dort nicht und drohen, sie zu verlassen.

Nicht anders ergeht es dem Juden im bolschewistischen Rußland. Zum einen lobt Roth das revolutionäre Regime für die den Juden (anfänglich) gewährte nationale Autonomie, zum anderen aber läßt er keinen Zweifel daran, daß dies die beste Methode sei, die kulturelle und religiöse Eigenart der jüdischen Welt zu untergraben. Die Pogrome haben aufgehört, die neuen Götter heißen Technik und Elektrifizierung.

In gewisser Weise stellt ‚Hiob' die epische Ausbreitung des Essays ‚Juden auf Wanderschaft' dar: Einbruch der Geschichte in ein bislang unauffälliges und unbedeutendes Leben. Der märchenhaft-biblische Romaneingang, der sich jeglicher konkreten Zeitangabe enthält (obwohl schnell klar wird, daß man sich, wie so oft bei Roth in der Zeit vor dem ersten Weltkrieg befindet), macht den rhythischen Ablauf der Dinge sinnfällig. Mendel Singers Leben rinnt dahin „wie ein kleiner Bach zwischen kärglichen Ufern". Ziellos verrinnt die Zeit, und alles ist festgelegt durch allseits für verständlich genommene Lebensumstände und Lebenslagen. Zu diesem statisch-gleichmütig verlaufenden Gang dieser kleinen Welt passen auch die allegorischen Zuschreibungen für die Kinder Mendel Singers: Fuchs, Bär, Gazelle. Ein Tag verläuft wie der andere, die Menschen bleiben unbeirrbar sich gleich, die Kinder vollziehen das Schicksal, das ihnen ihr Charakter auferlegt: Einrichtung des Lebens, stillgestellte, festgefügte Anordnung der persönlichen Konstellationen.

Kein Weg scheint zunächst aus der „geräumigen Küche", in der der Cheder-Lehrer Mendel Singer „mit ehrlichem Eifer und ohne aufsehnerregenden Erfolg" seinen Schülern die Kenntnis der jüdischen religiösen Tradition näherbringt, hinauszuführen. Ebenso einförmig geht auch das eheliche Leben mit seiner Frau Deborah vonstatten. Roth ahmt offenkundig den Duktus der Bibel nach, wenn es etwa heißt: „Er liebte sein Weib und ergötzte sich an ihrem Fleische." (GW, 1, 849)

Doch die Plagen lassen nicht lange auf sich warten, und schon zu Anfang des Romanes wird in kurios-phantastischer Manier die zunächst äußere Not im Osten beschrieben: „Die Ernten wurden immer ärmer und ärmer. Die Karotten verringerten sich, die Eier wurden hohl, ... die Suppen wässrig, die Karpfen schmal und die Hechte kurz, die Ernten mager, die Gänse hart und die Hühner ein Nichts." (GW, 1, 850)

Eine geheimnisvolle Krankheit sucht Land und Leute heim, liegt wie ein düsteres Verhängnis über ihnen, sozusagen ägyptische Plagen. In Bewegung gerät diese kleine, quasi-mythische Welt, als das vierte Kind der Singers in diese Welt geboren wird, geistig zurückgeblieben, Zeichen des sich ankündigenden Unheils, das über der Familie schwebt.

Die Krankheit ruft neben dem Wunderrabbi auch neuzeitliche Konkurrenz in Gestalt des Arztes auf den Plan. Die List der epischen Konstruktion will es im Roman, daß sich die Prophezeiung des jüdischen Wunderheilers („Menuchim, Mendels Sohn wird gesund werden") schließlich erfüllt, nicht zuletzt dank der modernen Medizin, die gewissermaßen die leergewordene Stelle des Wunders besetzt.

Zunächst aber kommen die Plagen: die ostjüdische Familie Singer wird durch die Wirren des Krieges und seine Folgen auseinandergerissen. Einer der beiden Söhne verschwindet als zaristischer Soldat im Krieg, der andere entzieht sich mit Hilfe der mütterlichen Ersparnisse der drohenden Einziehung und flieht mit Hilfe des unvermeidlichen Schmugglers und Grenzgängers Kapturak nach Amerika. Die schöne Tochter Miriam wird hingegen mannstoll, willfährige Geliebte strammer Soldaten und Kosaken. Der Krieg ruiniert zunehmend die gesamte Familie, Menuchim, das alter ego Mendel Singers, bleibt ein stummer Krüppel, der nur Mama schreien kann.

Als verlockender Ort der Errettung vor so viel Unbill erscheint zunächst New York, die neue Heimat des zweiten Sohnes. Aber Amerika bedeutet auch den vollständigen Verlust all dessen, was bislang zur Selbstverständlichkeit gehörte. Beim Aufbruch nach Amerika bleibt das versehrte Kind, allegorische Konfiguration für die Krankheit der ostjüdischen Seele (wie übrigens auch die Tochter Miriam), zurück. Das Wichtigste hat die Familie so in der alten Heimat zurückgelassen, und Mendel Singer begreift erstaunlich schnell die neue Situation, in der er sich befindet: „Was gehen mich diese Leute an? dachte Mendel. Ist das noch meine Familie? Bin ich noch Mendel Singer? Wo ist mein Sohn Menuchim? Es war ihm, als wäre er aus sich selbst herausgestoßen worden, von sich selbst getrennt, würde er fortan leben müssen." (GW, 1, 920)

Das unbestimmte Schicksal des kranken, zurückgelassenen Kindes und die körperlich erfahrene Selbstentfremdung Mendel Singers bestimmen fortan den Gang der Handlung. Erst im Anschluß an die Trennung vom Sohn und von der alten Heimat wird sich der gealterte Mann der Bedeutung bewußt, die dieses unverwechselbare, scheinbar blöde Kind, dieser Doppelgänger, für ihn besitzt. Ungeachtet der Erfolge seines amerikanischen Sohnes und des zeitweiligen Gefühls, in einer neuen, unbeschwerlichen Heimat zu leben, bleibt das zurückgelassene Kind eine Wunde, die nicht zu schmerzen aufhört. Jäher Reichtum und sozialer Aufstieg überdecken nur die Tatsache, daß Mendel Singer seine Mitte verloren hat. Schon bevor Miriam in eine Nervenheilanstalt eingeliefert wird, der lebenstüchtige, zum Amerikaner gewordene Sohn für die neue Heimat fällt und seine Frau, die gleichgültig gewordene Gefährtin seines Lebens, stirbt, zieht sich Mendel Singer mehr und mehr in das jüdische Getto der Stadt zurück, ein entthronter Patriarch.

Dieses exemplarische historische Schicksal ist überlagert von der mythischen Trias Opfer, Strafe und Errettung. Indem Roth auf dieses alttestamentarische Muster zurückgreift, erhält sein Roman eine versöhnliche, aber auch visionäre Färbung. Zunächst einmal wird die Entfremdung dramatisch gesteigert: Mendel Singer, der ein „paar Welten (hat) zugrunde gehn sehn", kündigt seinem Gott die Gefolgschaft auf. Zum Hader mit dem Schicksal gesellt sich die neue erschütternde Erfahrung der Glaubenslosigkeit.

Am Ende bleibt nur mehr ein Strohhalm, an dem das Leben des alten Mannes hängt, die Hoffnung, sein jüngster Sohn könne noch am Leben sein. Das ist ein dünner Faden, an dem sich Singer, müde geworden, ohne innere Beziehung zur Welt, ausgeschlossen von ihr, festhält. Dieses Grundgefühl ist tief eingegraben in die Sprache der Rothschen Romane und gibt diesen ihr lyrisches Gepräge. Von der „unsichtbaren Hand vor den Lippen" ist einmal im Erstlingswerk ‚Das Spinnennetz' die Rede. Roths Sprachbilder, Tableaus und Arrangements stehen für eine Welt unausgesprochener Sätze. Sie setzten sich an den Leerstellen des Lebens fest. Nie wieder vergißt Mendel Singer das Bild der müden, welken, unattraktiv gewordenen Ehefrau, das ihn eines Morgens stumm überfiel, nie mehr das Bild der

Tochter, wie sie sich im Weizenfeld mit einem jungen Soldaten vergnügte, nie mehr das Bild, wie er selbst Abschied nahm von den Thorarollen, dem Schrank, den gelblichen Kerzen. Diese Bilder belegen den Menschen mit einem Bann, einem Bann des Schweigens. Reden ist sinnlos. In Roths poetischer Welt besteht keine Aussicht, daß die Figuren durch das Gespräch Lösungen (im Doppelsinn des Wortes) herbeiführen. Wenn etwas hilft, dann nur ein Wunder. Mehrere Male versucht Mendel (freilich immer vergeblich), seine prekäre Situation aus eigenem Antrieb zu ändern, zurückzukehren in die alte Heimat, um den wegen seiner Krankheit verstoßenen Sohn zu holen. Das Wunder kommt ihm zuvor: Menuchim kehrt zurück in sein Leben, als gefeierter Musiker. Indem aber das Wunder nicht bloß erzählt, sondern zugleich thematisiert wird, tut sich in dieser modernen Legende ein doppelter Boden auf. Die Geborgenheit, die der Schluß im Märchen vermittelt, ist stets auch trügerisch, weil es nicht auf die Realität außerhalb seiner verpflichtet ist: das gute Ende gilt nur im Märchen. So weiß der Leser nach Ablauf der Geschehnisse nicht so recht, inwieweit der Geschichte zu trauen ist. Roth bevorzugt deshalb auch einen gedämpften, quasi-religiösen Sprachduktus. Am Ende erfüllt sich die Prophezeiung des jüdischen Wunderrabbis hinsichtlich Menuchims: „Seinesgleichen wird es nicht viele geben in Israel. Der Schmerz wird ihn weise machen, die Häßlichkeit gütig, die Bitternis milde und die Krankheit stark. Seine Augen werden weit sein und tief, seine Ohren hell und voll Widerhall. Sein Mund wird schweigen, aber wenn er die Lippen auftun wird, werden sie Gutes künden." (GW, 1, 857)

Die Prophezeiung, das Wunschbild des Vaters und die Erzählung von der überraschenden, unvorhersehbaren Genesung des Sohnes bedingen einander. Zusammen bedeuten sie: wiedergefundene Identität, Abkehr von der trügerischen Heilsversprechung Amerika, Rückkehr in die Heimat. In Europa wird vielleicht auch die Tochter wieder gesund werden. Aber womöglich bleibt das alles ein Traum des Vaters, jener, der ihn am Leben erhält: der Traum vom Sohn, der den Vater erlösen wird. „Schwere des Glücks und der Größe der Wunder."

10. Bibliographie

1. Werke von Joseph Roth

GW = Werke in vier Bänden, herausgegeben und eingeleitet von Hermann Kesten, Köln, 1975.
B = Briefe, herausgegeben und eingeleitet von Hermann Kesten, Köln, 1970.
BS = Berliner Saisonbericht. Unbekannte Reportagen und journalistische Arbeiten 1920–1939, herausgegeben und mit einem Vorwort von Klaus Westermann, Köln, 1984.
Sü = Joseph Roth. Das neue Tagebuch. Unbekannte politische Arbeiten 1919–1927. Wien, Berlin, Moskau, herausgegeben von Ingeborg Sültemeyer, Köln, 1970.
P = Perlefter. Geschichte eines Bürgers. Fragment eines Romans aus dem Berliner Nachlaß. Herausgegeben und mit einem Nachwort von Friedemann Berger, Köln, 1978.

2. Sekundärliteratur (in Auswahl)

Böll, Heinrich: Die Trauer, die recht behielt. Leben und Werk von Joseph Roth, in: Deutsche Rundschau 83, 1957, S. 274–278.

Bronsen, David: Joseph Roth. Eine Bibliographie, Köln, 1974.

ders. (Hrsg.): Joseph Roth und die Tradition. Aufsatz- und Materialsammlung, Darmstadt, 1975.

Eckart, Rolf, Die Kommunikationslosigkeit des Menschen im Romanwerk Joseph Roths, Diss. München, 1959.

Forst de Battaglia, Otto: Joseph Roth. Wanderer zwischen drei Welten in: Frankfurter Hefte 7, 1952, S. 441–445.

Hackert, Fritz: Kulturpessimismus und Erzählform. Studien zu Joseph Roths Leben und Werk, Bern, 1967.

ders.; Joseph Roth. Zur Biographie, in: Deutsche Vierteljahresschrift 43, 1969, S. 161–186.

Hösle, Johannes: Joseph Roth, in: Rivista di letterature moderne e comparate, 15, 1962, S. 205–214.

Jansen, Peter Wilhelm: Weltbezug und Erzählhaltung. Eine Untersuchung zum Erzählwerk und zur dichterischen Existenz Joseph Roths, Diss., Freiburg i. Brsg., 1958.

Koester, Rudolf: Joseph Roth, Berlin 1982.

Linden, Hermann (Hrsg.): Joseph Roth. Ein Gedächtnisbuch, Gesammelt, ausgewählt und hrsg. von Hermann Linden, Köln, Hagen, 1949.
Magris, Claudio: Il mito absburgico nella letternatura austriaca moderna, Turin, 1963.
ders.: Weit von wo. Verlorene Welt des Ostjudentums, Wien, 1974.
Marchand, Wolf R.: Josef Roth und völkisch-nationalistische Wertbegriffe. Untersuchungen zur politisch-weltanschaulichen Entwicklung Roths und ihrer Auswirkung auf sein Werk, Bonn, 1974.
Nürnberger, Helmut: Joseph Roth, rororo-monographien Reinbek, 1981.
Plank, Ilse: Joseph Roth als Feuilletonist, Diss. Erlangen, 1968.
Reich-Ranicki, Marcel: Flucht ins Märchen oder Kakanien als Wille und Vorstellung. Die Erzählungen Joseph Roths. In: Gert Mellbourn (Hrsg.), Festschrift für Gustav Korlén, S. 184–190.
ders.: Joseph Roths Weg und Welt. Eine Sammlung seiner Feuilletons 1919–1927, in: Die Zeit 25, 1970, Nr. 22 (29. 5. 1970), S. 23.
ders.: Nachprüfung. Aufsätze über deutsche Schriftsteller von gestern, München-Zürich, 1970
Rollka, Bodo, Joseph Roths Amerikabild, in: Literatur und Kritik, 1972, H. 12, S. 590–598.
Rosenfeld, Sidney: Raumgestaltung und Raumsymbolik im Romanwerk Joseph Roths, Diss. Univ. Illinois, 1965.
Scheible, Hartmut, Joseph Roth. Mit einem Essay über Gustave Flaubert, Stuttgart, Berlin, Köln, Mainz, 1971.
Strelka, Joseph: Brücke zu vielen Ufern. Wesen und Eigenart der österreichischen Literatur, Wien, Frankfurt a. Main, Zürich, 1966, S. 105–112.
Sültemeyer, Ingeborg: Studien zum Frühwerk Joseph Roths. Mit einem Anhang (bisher unbekannte Arbeiten aus dem Zeitraum 1915–1926), Diss., Frankfurt a. M., 1969 (Neuauflage: Das Frühwerk Joseph Roths 1915–1926, Wien, Freiburg i. Brsg., Basel, 1976)
Trommler, Frank: Roman und Wirklichkeit. Eine Ortsbestimmung am Beispiel von Musil, Broch, Roth, Doderer und Gütersloh, Stuttgart, Berlin, Köln, Mainz, 1966.
Wegner, Erika, Die Gestaltung innerer Vorgänge in den Dichtungen Joseph Roths, Diss., Bonn, 1964.
Weiskopf, Franz Carl, Gesammelte Werke, Hrsg. von der Deutschen Akademie der Künste zu Berlin (DDR), VIII, Über Sprache und Literatur, Berlin/DDR, 1960, S. 176–182, S. 279–281, S. 322–327.
Westermann, Klaus, Joseph Roth Journalist, Bonn 1987 (mit einem Verzeichnis bislang unveröffentlichter publizistischer Arbeiten und Briefe)
Willerich-Tocha, Margarete: Rezeption als Gedächtnis. Studien zur Wirkung Joseph Roths, Diss. Augsburg, 1982.
Josef Roth, *Text und Kritik,* hrsg. H. L. Arnold, München, ^{2}1974.
Joseph Roth 1894–1939. Ausstellung der *Deutschen Bibliothek* Frankfurt am Main, Frankfurt/M., 1979

Autorenbücher

Es liegen Bände vor über

Ilse Aichinger
Alfred Andersch
Ingeborg Bachmann
Gottfried Benn
Thomas Bernhard
Heinrich Böll
Volker Braun
Elias Canetti
Heimito von Doderer
Alfred Döblin
Friedrich Dürrenmatt
Günter Eich
Lion Feuchtwanger
Hubert Fichte
Marieluise Fleißer
Max Frisch
Franz Fühmann
Günter Grass
Max von der Grün
Peter Härtling
Peter Handke
Georg Heym
Stefan Heym
Wolfgang Hildesheimer
Rolf Hochhuth
Walter Jens
Uwe Johnson
Erich Kästner
Marieluise Kaschnitz
Walter Kempowski
Alexander Kluge
Wolfgang Koeppen
Franz Xaver Kroetz
Siegfried Lenz
Heiner Müller
Adolf Muschg
Hans Erich Nossack
Novalis
Ulrich Plenzdorf
Peter Rühmkorf
Arno Schmidt
Anna Seghers
Georg Trakl
Kurt Tucholsky
Günter Wallraff
Martin Walser
Peter Weiss
Dieter Wellershoff
Gabriele Wohmann
Christa Wolf
Carl Zuckmayer

Weitere Bände in Vorbereitung

Buchanzeigen